TADJIQUE

VOCABULÁRIO

PORTUGUÊS BRASILEIRO

PORTUGUÊS TADJIQUE

Para alargar o seu léxico e apurar as suas competências linguísticas

5000 palavras

Vocabulário Português Brasileiro-Tadjique - 5000 palavras

Por Andrey Taranov

Os vocabulários da T&P Books destinam-se a ajudar a aprender, a memorizar, e a rever palavras estrangeiras. O dicionário é dividido em temas, cobrindo todas as principais esferas de atividades quotidianas, negócios, ciência, cultura, etc.

O processo de aprendizagem, utilizando os dicionários baseados em temáticas da T&P Books dá-lhe as seguintes vantagens:

- Informação de origem corretamente agrupada predetermina o sucesso em fases subsequentes da memorização de palavras
- Disponibilização de palavras derivadas da mesma raiz, o que permite a memorização de unidades de texto (em vez de palavras separadas)
- Pequenas unidades de palavras facilitam o processo de estabelecimento de vínculos associativos necessários para a consolidação do vocabulário
- O nível de conhecimento da língua pode ser estimado pelo número de palavras aprendidas

T&P Books Publishing
www.tpbooks.com

ISBN: 978-1-78767-388-5

Este livro também está disponível em formato E-book.
Por favor visite www.tpbooks.com ou as principais livrarias on-line.

VOCABULÁRIO TADJIQUE
palavras mais úteis

Os vocabulários da T&P Books destinam-se a ajudar a aprender, a memorizar, e a rever palavras estrangeiras. O vocabulário contém mais de 5000 palavras de uso comum organizadas tematicamente.

O vocabulário contém as palavras mais comummente usadas

Recomendado como adicional para qualquer curso de línguas

Satisfaz as necessidades dos iniciados e dos alunos avançados de línguas estrangeiras

Conveniente para o uso diário, sessões de revisão e atividades de auto-teste

Permite avaliar o seu vocabulário

Características especias do vocabulário

- As palavras estão organizadas de acordo com o seu significado, e não por ordem alfabética
- As palavras são apresentadas em três colunas para facilitar os processos de revisão e auto-teste
- As palavras compostas são divididas em pequenos blocos para facilitar o processo de aprendizagem
- O vocabulário oferece uma transcrição simples e adequada de cada palavra estrangeira

O vocabulário contém 155 tópicos incluindo:

Conceitos básicos, Números, Cores, Meses, Estações do ano, Unidades de medida, Roupas & Acessórios, Alimentos & Nutrição, Restaurante, Membros da Família, Parentes, Caráter, Sentimentos, Emoções, Doenças, Cidade, Passeios, Compras, Dinheiro, Casa, Lar, Escritório, Trabalho no Escritório, Importação & Exportação, Marketing, Pesquisa de Emprego, Esportes, Educação, Computador, Internet, Ferramentas, Natureza, Países, Nacionalidades e muito mais ...

TABELA DE CONTEÚDOS

GUIA DE PRONUNCIAÇÃO

Letra	Exemplo Tadjique	Alfabeto fonético T&P	Exemplo Português
А а	Рахмат!	[a]	chamar
Б б	бесохиб	[b]	barril
В в	вафодорй	[v]	fava
Г г	гулмохй	[g]	gosto
Ғ ғ	мурғобй	[ʁ]	[r] vibrante
Д д	мадд	[d]	dentista
Е е	телескоп	[e:]	plateia
Ё ё	сайёра	[jɔ]	ioga
Ж ж	аждахо	[ʒ]	talvez
З з	сӯзанда	[z]	sésamo
И и	шифт	[i]	sinônimo
Й й	обчакорй	[i:]	cair
Й й	хайкал	[j]	Vietnã
К к	коргардон	[k]	aquilo
Қ қ	нуқта	[q]	teckel
Л л	пилла	[l]	libra
М м	мусиқачй	[m]	magnólia
Н н	нонвой	[n]	natureza
О о	посбон	[o:]	albatroz
П п	папка	[p]	presente
Р р	чароғак	[r]	riscar
С с	суръат	[s]	sanita
Т т	тарқиш	[t]	tulipa
У у	мухаррик	[u]	bonita
Ӯ ӯ	кӯшк	[œ]	orgulhoso
Ф ф	фурӯш	[f]	safári
Х х	хушксолй	[x]	fricativa uvular surda
Ҳ ҳ	чарогох	[h]	[h] aspirada
Ч ч	чароғ	[ʧ]	Tchau!
Ҷ ҷ	чанчол	[dʒ]	adjetivo
Ш ш	нашриёт	[ʃ]	mês
Ъ ъ [1]	таърихдон	[:], [ˈ]	letra muda
Э э	эхтимолй	[ɛ]	mesquita
Ю ю	юнонй	[ju]	nacional
Я я	яхбурча	[ja]	Himalaias

Comentários

[1] [:] - Prolonga a vogal anterior; ['] - após consoantes é usado como um 'sinal forte'

ABREVIATURAS
usadas no vocabulário

Abreviaturas do Português

adj	-	adjetivo
adv	-	advérbio
anim.	-	animado
conj.	-	conjunção
desp.	-	esporte
etc.	-	Etcetera
ex.	-	por exemplo
f	-	nome feminino
f pl	-	feminino plural
fem.	-	feminino
inanim.	-	inanimado
m	-	nome masculino
m pl	-	masculino plural
m, f	-	masculino, feminino
masc.	-	masculino
mat.	-	matemática
mil.	-	militar
pl	-	plural
prep.	-	preposição
pron.	-	pronome
sb.	-	sobre
sing.	-	singular
v aux	-	verbo auxiliar
vi	-	verbo intransitivo
vi, vt	-	verbo intransitivo, transitivo
vr	-	verbo reflexivo
vt	-	verbo transitivo

CONCEITOS BÁSICOS

Conceitos básicos. Parte 1

1. Pronomes

eu	ман	[man]
você	ту	[tu]
ele	ӯ, вай	[œ], [vaj]
ela	ӯ, вай	[œ], [vaj]
ele, ela (neutro)	он	[on]
nós	мо	[mo]
vocês	шумо	[ʃumo]
o senhor, -a	Шумо	[ʃumo]
senhores, -as	Шумо	[ʃumo]
eles, elas (inanim.)	онон	[onon]
eles, elas (anim.)	онхо, вайхо	[onho], [vajho]

2. Cumprimentos. Saudações. Despedidas

Oi!	Салом!	[salom]
Olá!	Ассалом!	[assalom]
Bom dia!	Субҳатон ба хайр!	[subhaton ba χajr]
Boa tarde!	Рӯз ба хайр!	[rœz ba χajr]
Boa noite!	Шом ба хайр!	[ʃom ba χajr]
cumprimentar (vt)	саломалейк кардан	[salomalejk kardan]
Oi!	Ассалом! Салом!	[assalom salom]
saudação (f)	вохӯрдй	[voχœrdi:]
saudar (vt)	вохӯрдй кардан	[voχœrdi: kardan]
Como você está?	Корҳоятон чй хел?	[korhojaton tʃi: χel]
Como vai?	Корҳоят чй хел?	[korhojat tʃi: χel]
E aí, novidades?	Чй навигарй?	[tʃi: navigari:]
Tchau!	То дидан!	[to didan]
Até logo!	Хайр!	[χajr]
Até breve!	То вохӯрии наздик!	[to voχœri:i nazdik]
Adeus! (sing.)	Падруд!	[padrud]
Adeus! (pl)	Хайрбод! Падруд!	[χajrbod padrud]
despedir-se (dizer adeus)	падруд гуфтан	[padrud guftan]
Até mais!	Хайр!	[χajr]
Obrigado! -a!	Раҳмат!	[rahmat]
Muito obrigado! -a!	Бисёр раҳмат!	[bisjɔr rahmat]

De nada	Марҳамат!	[marhamat]
Não tem de quê	Намеарзад	[namearzad]
Não foi nada!	Намеарзад	[namearzad]

Desculpa!	Бубахш!	[bubaxʃ]
Desculpe!	Бубахшед!	[bubaxʃed]
desculpar (vt)	афв кардан	[afv kardan]

desculpar-se (vr)	узр пурсидан	[uzr pursidan]
Me desculpe	Маро бубахшед	[maro bubaxʃed]
Desculpe!	Бубахшед!	[bubaxʃed]
perdoar (vt)	бахшидан	[baxʃidan]
Não faz mal	Ҳеч гап не	[hetʃ gap ne]
por favor	илтимос	[iltimos]

Não se esqueça!	Фаромӯш накунед!	[faromœʃ nakuned]
Com certeza!	Албатта!	[albatta]
Claro que não!	Албатта не!	[albatta ne]
Está bem! De acordo!	Розӣ!	[rozi:]
Chega!	Бас!	[bas]

3. Como se dirigir a alguém

Desculpe ...	Мебахшед!	[mebaxʃed]
senhor	чаноб, оқо	[dʒanob], [oqo]
senhora	хонум, бону	[xonum], [bonu]
senhorita	чавондухтар	[dʒavonduxtar]
jovem	чавон	[dʒavon]
menino	писарбача	[pisarbatʃa]
menina	духтарча, духтарак	[duxtartʃa], [duxtarak]

4. Números cardinais. Parte 1

zero	сифр	[sifr]
um	як	[jak]
dois	ду	[du]
três	се	[se]
quatro	чор, чаҳор	[tʃor], [tʃahor]

cinco	панч	[pandʒ]
seis	шаш	[ʃaʃ]
sete	ҳафт	[haft]
oito	ҳашт	[haʃt]
nove	нуҳ	[nuh]

dez	даҳ	[dah]
onze	ёздаҳ	[jozdah]
doze	дувоздаҳ	[duvozdah]
treze	сездаҳ	[sezdah]
catorze	чордаҳ	[tʃordah]
quinze	понздаҳ	[ponzdah]
dezesseis	шонздаҳ	[ʃonzdah]

dezessete	ҳафдаҳ	[hafdah]
dezoito	ҳажда҄	[haʒdah]
dezenove	нуздаҳ	[nuzdah]
vinte	бист	[bist]
vinte e um	бисту як	[bistu jak]
vinte e dois	бисту ду	[bistu du]
vinte e três	бисту се	[bistu se]
trinta	сӣ	[si:]
trinta e um	сию як	[siju jak]
trinta e dois	сию ду	[siju du]
trinta e três	сию се	[siju se]
quarenta	чил	[ʧil]
quarenta e um	чилу як	[ʧilu jak]
quarenta e dois	чилу ду	[ʧilu du]
quarenta e três	чилу се	[ʧilu se]
cinquenta	панҷоҳ	[panʤoh]
cinquenta e um	панҷоҳу як	[panʤohu jak]
cinquenta e dois	панҷоҳу ду	[panʤohu du]
cinquenta e três	панҷоҳу се	[panʤohu se]
sessenta	шаст	[ʃast]
sessenta e um	шасту як	[ʃastu jak]
sessenta e dois	шасту ду	[ʃastu du]
sessenta e três	шасту се	[ʃastu se]
setenta	ҳафтод	[haftod]
setenta e um	ҳафтоду як	[haftodu jak]
setenta e dois	ҳафтоду ду	[haftodu du]
setenta e três	ҳафтоду се	[haftodu se]
oitenta	ҳаштод	[haʃtod]
oitenta e um	ҳаштоду як	[haʃtodu jak]
oitenta e dois	ҳаштоду ду	[haʃtodu du]
oitenta e três	ҳаштоду се	[haʃtodu se]
noventa	навад	[navad]
noventa e um	наваду як	[navadu jak]
noventa e dois	наваду ду	[navadu du]
noventa e três	наваду се	[navadu se]

5. Números cardinais. Parte 2

cem	сад	[sad]
duzentos	дусад	[dusad]
trezentos	сесад	[sesad]
quatrocentos	чорсад, чаҳорсад	[ʧorsad], [ʧahorsad]
quinhentos	панҷсад	[panʤsad]
seiscentos	шашсад	[ʃaʃsad]
setecentos	ҳафтсад	[haftsad]

| oitocentos | ҳаштсад | [haʃtsad] |
| novecentos | нӯхсадум | [nœhsadum] |

mil	ҳазор	[hazor]
dois mil	ду ҳазор	[du hazor]
três mil	се ҳазор	[se hazor]
dez mil	даҳ ҳазор	[dah hazor]
cem mil	сад ҳазор	[sad hazor]

| um milhão | миллион | [million] |
| um bilhão | миллиард | [milliard] |

6. Números ordinais

primeiro (adj)	якум	[jakum]
segundo (adj)	дуюм	[dujum]
terceiro (adj)	сеюм	[sejum]
quarto (adj)	чорум	[ʧorum]
quinto (adj)	панчум	[panʤum]

sexto (adj)	шашум	[ʃaʃum]
sétimo (adj)	ҳафтум	[haftum]
oitavo (adj)	ҳаштум	[haʃtum]
nono (adj)	нӯхум	[nœhum]
décimo (adj)	даҳӯм	[dahœm]

7. Números. Frações

fração (f)	каср	[kasr]
um meio	аз ду як ҳисса	[az du jak hissa]
um terço	аз се як ҳисса	[az se jak hissa]
um quarto	аз чор як ҳисса	[az ʧor jak hissa]

um oitavo	аз ҳашт як ҳисса	[az haʃt jak hissa]
um décimo	аз даҳ як ҳисса	[az dah jak hissa]
dois terços	аз се ду ҳисса	[az se du hissa]
três quartos	аз чор се ҳисса	[az ʧor se hissa]

8. Números. Operações básicas

subtração (f)	тарҳ	[tarh]
subtrair (vi, vt)	тарҳ кардан	[tarh kardan]
divisão (f)	тақсим	[taqsim]
dividir (vt)	тақсим кардан	[taqsim kardan]

adição (f)	чамъ кардани	[dʒam' kardani]
somar (vt)	чамъ кардан	[dʒam' kardan]
adicionar (vt)	чамъ кардан	[dʒam' kardan]
multiplicação (f)	зарб, зарбзанӣ	[zarb], [zarbzani:]
multiplicar (vt)	зарб задан	[zarb zadan]

9. Números. Diversos

algarismo, dígito (m)	рақам	[raqam]
número (m)	адад	[adad]
numeral (m)	шумора	[ʃumora]
menos (m)	тарҳ	[tarh]
mais (m)	чамъ	[dʒam']
fórmula (f)	формула	[formula]
cálculo (m)	ҳисоб кардани	[hisob kardani]
contar (vt)	шумурдан	[ʃumurdan]
calcular (vt)	ҳисоб кардан	[hisob kardan]
comparar (vt)	муқоиса кардан	[muqoisa kardan]
Quanto?	Чӣ қадар?	[tʃi: qadar]
Quantos? -as?	Чанд-то?	[tʃand-to]
soma (f)	ҳосили чамъ	[hosili dʒam']
resultado (m)	натича	[natidʒa]
resto (m)	бақия	[baqija]
alguns, algumas ...	якчанд	[jaktʃand]
pouco (~ tempo)	чанд	[tʃand]
resto (m)	боқимонда	[boqimonda]
um e meio	якуним	[jakunim]
ao meio	ним	[nim]
em partes iguais	баробар	[barobar]
metade (f)	нисф	[nisf]
vez (f)	бор	[bor]

10. Os verbos mais importantes. Parte 1

abrir (vt)	кушодан	[kuʃodan]
acabar, terminar (vt)	тамом кардан	[tamom kardan]
aconselhar (vt)	маслиҳат додан	[maslihat dodan]
adivinhar (vt)	ёфтан	[jɔftan]
advertir (vt)	танбеҳ додан	[tanbeh dodan]
ajudar (vt)	кумак кардан	[kumak kardan]
almoçar (vi)	хӯроки пешин хӯрдан	[xœroki peʃin xœrdan]
alugar (~ um apartamento)	ба ичора гирифтан	[ba idʒora giriftan]
amar (pessoa)	дӯст доштан	[dœst dɔʃtan]
ameaçar (vt)	дӯғ задан	[dœʁ zadan]
anotar (escrever)	навиштан	[naviʃtan]
apressar-se (vr)	шитоб кардан	[ʃitob kardan]
arrepender-se (vr)	таассуф хӯрдан	[taassuf xœrdan]
assinar (vt)	имзо кардан	[imzo kardan]
brincar (vi)	шӯхӣ кардан	[ʃœxi: kardan]
brincar, jogar (vi, vt)	бозӣ кардан	[bozi: kardan]
buscar (vt)	чустан	[dʒustan]
caçar (vi)	шикор кардан	[ʃikor kardan]

cair (vi)	афтодан	[aftodan]
cavar (vt)	кофтан	[koftan]
chamar (~ por socorro)	чеғ задан	[dʒeʁ zadan]
chegar (vi)	расидан	[rasidan]
chorar (vi)	гиря кардан	[girja kardan]
começar (vt)	сар кардан	[sar kardan]
comparar (vt)	муқоиса кардан	[muqoisa kardan]
concordar (dizer "sim")	розигӣ додан	[rozigi: dodan]
confiar (vt)	бовар кардан	[bovar kardan]
confundir (equivocar-se)	иштибоҳ кардан	[iʃtiboh kardan]
conhecer (vt)	донистан	[donistan]
contar (fazer contas)	ҳисоб кардан	[hisob kardan]
contar com …	умед бастан	[umed bastan]
continuar (vt)	давомат кардан	[davomat kardan]
controlar (vt)	назорат кардан	[nazorat kardan]
convidar (vt)	даъват кардан	[da'vat kardan]
correr (vi)	давидан	[davidan]
criar (vt)	офаридан	[ofaridan]
custar (vt)	арзидан	[arzidan]

11. Os verbos mais importantes. Parte 2

dar (vt)	додан	[dodan]
dar uma dica	луқма додан	[luqma dodan]
decorar (enfeitar)	оростан	[orostan]
defender (vt)	муҳофиза кардан	[muhofiza kardan]
deixar cair (vt)	афтондан	[aftondan]
descer (para baixo)	фуромадан	[furomadan]
desculpar (vt)	афв кардан	[afv kardan]
desculpar-se (vr)	узр пурсидан	[uzr pursidan]
dirigir (~ uma empresa)	сардорӣ кардан	[sardori: kardan]
discutir (notícias, etc.)	муҳокима кардан	[muhokima kardan]
disparar, atirar (vi)	тир задан	[tir zadan]
dizer (vt)	гуфтан	[guftan]
duvidar (vt)	шак доштан	[ʃak doʃtan]
encontrar (achar)	ёфтан	[jɔftan]
enganar (vt)	фирефтан	[fireftan]
entender (vt)	фаҳмидан	[fahmidan]
entrar (na sala, etc.)	даромадан	[daromadan]
enviar (uma carta)	ирсол кардан	[irsol kardan]
errar (enganar-se)	хато кардан	[xato kardan]
escolher (vt)	интихоб кардан	[intixob kardan]
esconder (vt)	пинҳон кардан	[pinhon kardan]
escrever (vt)	навиштан	[naviʃtan]
esperar (aguardar)	поидан	[poidan]
esperar (ter esperança)	умед доштан	[umed doʃtan]
esquecer (vt)	фаромӯш кардан	[faromœʃ kardan]

estudar (vt)	омӯхтан	[omœxtan]
exigir (vt)	талаб кардан	[talab kardan]
existir (vi)	зиндагӣ кардан	[zindagi: kardan]
explicar (vt)	шарҳ додан	[ʃarh dodan]
falar (vi)	гап задан	[gap zadan]
faltar (a la escuela, etc.)	набудан	[nabudan]
fazer (vt)	кардан	[kardan]
ficar em silêncio	хомӯш будан	[xomœʃ budan]
gabar-se (vr)	худситой кардан	[xudsitoi: kardan]
gostar (apreciar)	форидан	[foridan]
gritar (vi)	дод задан	[dod zadan]
guardar (fotos, etc.)	нигоҳ доштан	[nigoh doʃtan]
informar (vt)	ахборот додан	[axborot dodan]
insistir (vi)	сахт истодан	[saxt istodan]
insultar (vt)	таҳқир кардан	[tahqir kardan]
interessar-se (vr)	ҳавас кардан	[havas kardan]
ir (a pé)	рафтан	[raftan]
ir nadar	оббозӣ кардан	[obbozi: kardan]
jantar (vi)	хӯроки шом хӯрдан	[xœroki ʃom xœrdan]

12. Os verbos mais importantes. Parte 3

ler (vt)	хондан	[xondan]
libertar, liberar (vt)	озод кардан	[ozod kardan]
matar (vt)	куштан	[kuʃtan]
mencionar (vt)	гуфта гузаштан	[gufta guzaʃtan]
mostrar (vt)	нишон додан	[niʃon dodan]
mudar (modificar)	иваз кардан	[ivaz kardan]
nadar (vi)	шино кардан	[ʃino kardan]
negar-se a … (vr)	рад кардан	[rad kardan]
objetar (vt)	зид баромадан	[zid baromadan]
observar (vt)	назорат кардан	[nazorat kardan]
ordenar (mil.)	фармон додан	[farmon dodan]
ouvir (vt)	шунидан	[ʃunidan]
pagar (vt)	пул додан	[pul dodan]
parar (vi)	истодан	[istodan]
parar, cessar (vt)	бас кардан	[bas kardan]
participar (vi)	иштирок кардан	[iʃtirok kardan]
pedir (comida, etc.)	супоридан	[suporidan]
pedir (um favor, etc.)	пурсидан	[pursidan]
pegar (tomar)	гирифтан	[giriftan]
pegar (uma bola)	доштан	[doʃtan]
pensar (vi, vt)	фикр кардан	[fikr kardan]
perceber (ver)	дида мондан	[dida mondan]
perdoar (vt)	бахшидан	[baxʃidan]
perguntar (vt)	пурсидан	[pursidan]
permitir (vt)	иҷозат додан	[idʒozat dodan]

pertencer a … (vi)	таалуқ доштан	[taaluq doʃtan]
planejar (vt)	нақша кашидан	[naqʃa kaʃidan]
poder (~ fazer algo)	тавонистан	[tavonistan]
possuir (uma casa, etc.)	соҳиб будан	[sohib budan]

preferir (vt)	бехтар донистан	[beχtar donistan]
preparar (vt)	пухтан	[puχtan]
prever (vt)	пешбиний кардан	[peʃbini: kardan]
prometer (vt)	ваъда додан	[va'da dodan]
pronunciar (vt)	талаффуз кардан	[talaffuz kardan]

propor (vt)	таклиф кардан	[taklif kardan]
punir (castigar)	чазо додан	[dʒazo dodan]
quebrar (vt)	шикастан	[ʃikastan]
queixar-se de …	шикоят кардан	[ʃikojat kardan]
querer (desejar)	хостан	[χostan]

13. Os verbos mais importantes. Parte 4

ralhar, repreender (vt)	дашном додан	[daʃnom dodan]
recomendar (vt)	маслиҳат додан	[maslihat dodan]
repetir (dizer outra vez)	такрор кардан	[takror kardan]
reservar (~ um quarto)	нигоҳ доштан	[nigoh doʃtan]
responder (vt)	чавоб додан	[dʒavob dodan]

rezar, orar (vi)	намоз хондан	[namoz χondan]
rir (vi)	хандидан	[χandidan]
roubar (vt)	дуздидан	[duzdidan]
saber (vt)	донистан	[donistan]
sair (~ de casa)	баромадан	[baromadan]

salvar (resgatar)	начот додан	[nadʒot dodan]
seguir (~ alguém)	рафтан	[raftan]
sentar-se (vr)	нишастан	[niʃastan]
ser necessário	даркор будан	[darkor budan]

ser, estar	будан	[budan]
significar (vt)	маъно доштан	[ma'no doʃtan]
sorrir (vi)	табассум кардан	[tabassum kardan]
subestimar (vt)	хунукназарй кардан	[χunuknazari: kardan]
surpreender-se (vr)	ба ҳайрат афтодан	[ba hajrat aftodan]

tentar (~ fazer)	озмоиш кардан	[ozmoiʃ kardan]
ter (vt)	доштан	[doʃtan]
ter fome	хӯрок хостан	[χœrok χostan]

ter medo	тарсидан	[tarsidan]
ter sede	об хостан	[ob χostan]
tocar (com as mãos)	даст расондан	[dast rasondan]
tomar café da manhã	ноништа кардан	[noniʃta kardan]
trabalhar (vi)	кор кардан	[kor kardan]
traduzir (vt)	тарчума кардан	[tardʒuma kardan]
unir (vt)	якчоя кардан	[jakdʒoja kardan]
vender (vt)	фурӯхтан	[furœχtan]

ver (vt)	дидан	[didan]
virar (~ para a direita)	гардонидан	[gardonidan]
voar (vi)	паридан	[paridan]

14. Cores

cor (f)	ранг	[rang]
tom (m)	тобиш	[tobiʃ]
tonalidade (m)	тобиш, лавн	[tobiʃ], [lavn]
arco-íris (m)	рангинкамон	[ranginkamon]

branco (adj)	сафед	[safed]
preto (adj)	сиёх	[sijɔh]
cinza (adj)	адкан	[adkan]

verde (adj)	сабз, кабуд	[sabz], [kabud]
amarelo (adj)	зард	[zard]
vermelho (adj)	сурх, арғувонӣ	[surχ], [arʁuvoni:]

azul (adj)	кабуд	[kabud]
azul claro (adj)	осмонӣ	[osmoni:]
rosa (adj)	гулобӣ	[gulobi:]
laranja (adj)	норанчӣ	[norandʒi:]
violeta (adj)	бунафш	[bunafʃ]
marrom (adj)	қаҳвагӣ	[qahvagi:]

| dourado (adj) | тиллоранг | [tillorang] |
| prateado (adj) | нуқрафом | [nuqrafom] |

bege (adj)	каҳваранг	[kahvarang]
creme (adj)	зардтоб	[zardtob]
turquesa (adj)	фирӯзаранг	[firœzarang]
vermelho cereja (adj)	олуболугӣ	[olubolugi:]
lilás (adj)	бунафш, нофармон	[bunafʃ], [nofarmon]
carmim (adj)	сурхи сиеҳтоб	[surχi siehtob]

claro (adj)	кушод	[kuʃod]
escuro (adj)	торик	[torik]
vivo (adj)	тоза	[toza]

de cor	ранга	[ranga]
a cores	ранга	[ranga]
preto e branco (adj)	сиёху сафед	[sijɔhu safed]
unicolor (de uma só cor)	якранга	[jakranga]
multicolor (adj)	рангоранг	[rangorang]

15. Questões

Quem?	Кӣ?	[ki:]
O que?	Чӣ?	[ʧi:]
Onde?	Дар кучо?	[dar kudʒo]
Para onde?	Кучо?	[kudʒo]

De onde?	Аз кучо?	[az kudʒo]
Quando?	Кай?	[kaj]
Para quê?	Барои чй?	[baroi tʃi:]
Por quê?	Барои чй?	[baroi tʃi:]

Para quê?	Барои чй?	[baroi tʃi:]
Como?	Чй хел?	[tʃi: χel]
Qual (~ é o problema?)	Кадом?	[kadom]
Qual (~ deles?)	Чанд? Чандум?	[tʃand tʃandum]

A quem?	Ба кй?	[ba ki:]
De quem?	Дар бораи кй?	[dar borai ki:]
Do quê?	Дар бораи чй?	[dar borai tʃi:]
Com quem?	Бо кй?	[bo ki:]

Quantos? -as?	Чанд-то?	[tʃand-to]
Quanto?	Чй қадар?	[tʃi: qadar]
De quem (~ é isto?)	Аз они кй?	[az oni ki:]

16. Preposições

com (prep.)	бо, ҳамроҳи	[bo], [hamrohi]
sem (prep.)	бе	[be]
a, para (exprime lugar)	ба	[ba]
sobre (ex. falar ~)	дар бораи	[dar borai]
antes de …	пеш аз	[peʃ az]
em frente de …	дар пеши	[dar peʃi]

debaixo de …	таги	[tagi]
sobre (em cima de)	дар болои	[dar boloi]
em …, sobre …	ба болои	[ba boloi]
de, do (sou ~ Rio de Janeiro)	аз	[az]
de (feito ~ pedra)	аз	[az]

| em (~ 3 dias) | баъд аз | [ba'd az] |
| por cima de … | аз болои … | [az boloi] |

17. Palavras funcionais. Advérbios. Parte 1

Onde?	Дар кучо?	[dar kudʒo]
aqui	ин чо	[in dʒo]
lá, ali	он чо	[on dʒo]

| em algum lugar | дар кучое | [dar kudʒoe] |
| em lugar nenhum | дар ҳеҷ чо | [dar hedʒ dʒo] |

| perto de … | дар назди … | [dar nazdi] |
| perto da janela | дар назди тиреза | [dar nazdi tireza] |

Para onde?	Кучо?	[kudʒo]
aqui	ин чо	[in tʃo]
para lá	ба он чо	[ba on dʒo]

daqui	аз ин чо	[az in ʤo]
de lá, dali	аз он чо	[az on ʤo]
perto	наздик	[nazdik]
longe	дур	[dur]
perto de …	дар бари	[dar bari]
à mão, perto	бисёр наздик	[bisjɔr nazdik]
não fica longe	наздик	[nazdik]
esquerdo (adj)	чап	[ʧap]
à esquerda	аз чап	[az ʧap]
para a esquerda	ба тарафи чап	[ba tarafi ʧap]
direito (adj)	рост	[rost]
à direita	аз рост	[az rost]
para a direita	ба тарафи рост	[ba tarafi rost]
em frente	аз пеш	[az peʃ]
da frente	пешин	[peʃin]
adiante (para a frente)	ба пеш	[ba peʃ]
atrás de …	дар қафои	[dar qafoi]
de trás	аз қафо	[az qafo]
para trás	ақиб	[aqib]
meio (m), metade (f)	миёна	[mijɔna]
no meio	дар миёна	[dar mijɔna]
do lado	аз паҳлу	[az pahlu]
em todo lugar	дар ҳар чо	[dar har ʤo]
por todos os lados	гирду атроф	[girdu atrof]
de dentro	аз дарун	[az darun]
para algum lugar	ба ким-кучо	[ba kim-kuʤo]
diretamente	миёнбур карда	[mijɔnbur karda]
de volta	ба ақиб	[ba aqib]
de algum lugar	аз ягон чо	[az jagon ʤo]
de algum lugar	аз як чо	[az jak ʤo]
em primeiro lugar	аввалан	[avvalan]
em segundo lugar	дуюм	[dujum]
em terceiro lugar	сеюм	[sejum]
de repente	ногоҳ, баногоҳ	[nogoh], [banogoh]
no início	дар аввал	[dar avval]
pela primeira vez	якумин	[jakumin]
muito antes de …	хеле пеш	[χele peʃ]
de novo	аз нав	[az nav]
para sempre	тамоман	[tamoman]
nunca	ҳеч гоҳ	[heʤ goh]
de novo	боз, аз дигар	[boz], [az digar]
agora	акнун	[aknun]
frequentemente	тез-тез	[tez-tez]

então	он вақт	[on vaqt]
urgentemente	зуд, фавран	[zud], [favran]
normalmente	одатан	[odatan]

a propósito, ...	воқеан	[voqean]
é possível	шояд	[ʃojad]
provavelmente	эҳтимол	[ɛhtimol]
talvez	эҳтимол, шояд	[ɛhtimol], [ʃojad]
além disso, ...	ғайр аз он	[ʁajr az on]
por isso ...	бинобар ин	[binobar in]
apesar de ...	ба ин нигоҳ накарда	[ba in nigoh nakarda]
graças a ...	ба туфайли ...	[ba tufajli]

que (pron.)	чӣ	[ʧiː]
que (conj.)	ки	[ki]
algo	чизе	[ʧize]
alguma coisa	ягон чиз	[jagon ʧiz]
nada	ҳеҷ чиз	[heʤ ʧiz]

quem	кӣ	[kiː]
alguém (~ que ...)	ким-кӣ	[kim-kiː]
alguém (com ~)	касе	[kase]

ninguém	ҳеҷ кас	[heʤ kas]
para lugar nenhum	ба ҳеҷ куҷо	[ba heʤ kuʤo]
de ninguém	бесоҳиб	[besohib]
de alguém	аз они касе	[az oni kase]

tão	чунон	[ʧunon]
também (gostaria ~ de ...)	ҳам	[ham]
também (~ eu)	низ, ҳам	[niz], [ham]

18. Palavras funcionais. Advérbios. Parte 2

Por quê?	Барои чӣ?	[baroi ʧiː]
por alguma razão	бо ким-кадом сабаб	[bo kim-kadom sabab]
porque ...	зеро ки	[zero ki]
por qualquer razão	барои чизе	[baroi ʧize]

e (tu ~ eu)	ва, ... у, ... ю	[va], [u], [ju]
ou (ser ~ não ser)	ё	[jɔ]
mas (porém)	аммо, лекин	[ammo], [lekin]
para (~ a minha mãe)	барои	[baroi]

muito, demais	аз меъёр зиёд	[az me'jɔr zijɔd]
só, somente	фақат	[faqat]
exatamente	айнан	[ajnan]
cerca de (~ 10 kg)	тақрибан	[taqriban]

aproximadamente	тақрибан	[taqriban]
aproximado (adj)	тақрибӣ	[taqribiː]
quase	қариб	[qarib]
resto (m)	боқимонда	[boqimonda]
o outro (segundo)	дигар	[digar]

outro (adj)	дигар	[digar]
cada (adj)	ҳар	[har]
qualquer (adj)	ҳар	[har]
muito, muitos, muitas	бисёр, хеле	[bisjɔr], [χele]
muitas pessoas	бисёриҳо	[bisjɔriho]
todos	ҳама	[hama]
em troca de …	ба ивази	[ba ivazi]
em troca	ба ивазаш	[ba ivazaʃ]
à mão	дастӣ	[dasti:]
pouco provável	ба гумон	[ba gumon]
provavelmente	эҳтимол, шояд	[ɛhtimol], [ʃojad]
de propósito	барқасд	[barqasd]
por acidente	тасодуфан	[tasodufan]
muito	хеле	[χele]
por exemplo	масалан, чунончи	[masalan], [ʧunonʧi]
entre	дар байни	[dar bajni]
entre (no meio de)	дар байни …	[dar bajni]
tanto	ин қадар	[in qadar]
especialmente	хусусан	[χususan]

Conceitos básicos. Parte 2

19. Dias da semana

segunda-feira (f)	душанбе	[duʃanbe]
terça-feira (f)	сешанбе	[seʃanbe]
quarta-feira (f)	чоршанбе	[tʃorʃanbe]
quinta-feira (f)	панҷшанбе	[pandʒʃanbe]
sexta-feira (f)	чумъа	[dʒum'a]
sábado (m)	шанбе	[ʃanbe]
domingo (m)	якшанбе	[jakʃanbe]

hoje	имрӯз	[imrœz]
amanhã	пагоҳ, фардо	[pagoh], [fardo]
depois de amanhã	пасфардо	[pasfardo]
ontem	дирӯз, дина	[dirœz], [dina]
anteontem	парирӯз	[parirœz]

dia (m)	рӯз	[rœz]
dia (m) de trabalho	рӯзи кор	[rœzi kor]
feriado (m)	рӯзи ид	[rœzi id]
dia (m) de folga	рӯзи истироҳат	[rœzi istirohat]
fim (m) de semana	рӯзҳои истироҳат	[rœzhoi istirohat]

o dia todo	тамоми рӯз	[tamomi rœz]
no dia seguinte	рӯзи дигар	[rœzi digar]
há dois dias	ду рӯз пеш	[du rœz peʃ]
na véspera	як рӯз пеш	[jak rœz peʃ]
diário (adj)	ҳаррӯза	[harrœza]
todos os dias	ҳар рӯз	[har rœz]

semana (f)	ҳафта	[hafta]
na semana passada	ҳафтаи гузашта	[haftai guzaʃta]
semana que vem	ҳафтаи оянда	[haftai ojanda]
semanal (adj)	ҳафтаина	[haftaina]
toda semana	ҳар ҳафта	[har hafta]
duas vezes por semana	ҳафтае ду маротиба	[haftae du marotiba]
toda terça-feira	ҳар сешанбе	[har seʃanbe]

20. Horas. Dia e noite

manhã (f)	пагоҳӣ	[pagohi:]
de manhã	пагоҳирӯзӣ	[pagohirœzi:]
meio-dia (m)	нисфи рӯз	[nisfi rœz]
à tarde	баъди пешин	[ba'di peʃin]

tardinha (f)	бегоҳ, бегоҳирӯз	[begoh], [begohirœz]
à tardinha	бегоҳӣ, бегоҳирӯзӣ	[begohi:], [begohirœzi:]

noite (f)	шаб	[ʃab]
à noite	шабона	[ʃabona]
meia-noite (f)	нисфи шаб	[nisfi ʃab]

segundo (m)	сония	[sonija]
minuto (m)	дақиқа	[daqiqa]
hora (f)	соат	[soat]
meia hora (f)	нимсоат	[nimsoat]
quarto (m) de hora	чоряки соат	[tʃorjaki soat]
quinze minutos	понздаҳ дақиқа	[ponzdah daqiqa]
vinte e quatro horas	шабонарӯз	[ʃabonarœz]

nascer (m) do sol	тулӯъ	[tulœ']
amanhecer (m)	субҳидам	[subhidam]
madrugada (f)	субҳи барвақт	[subhi barvaqt]
pôr-do-sol (m)	ғуруби офтоб	[ʁurubi oftob]

de madrugada	субҳи барвақт	[subhi barvaqt]
esta manhã	имрӯз пагоҳӣ	[imrœz pagohi:]
amanhã de manhã	пагоҳ саҳарӣ	[pagoh sahari:]

esta tarde	имрӯз	[imrœz]
à tarde	баъди пешин	[ba'di peʃin]
amanhã à tarde	пагоҳ баъди пешин	[pagoh ba'di peʃin]

| esta noite, hoje à noite | ҳамин бегоҳ | [hamin begoh] |
| amanhã à noite | фардо бегоҳӣ | [fardo begohi:] |

às três horas em ponto	расо соати се	[raso soati se]
por volta das quatro	наздикии соати чор	[nazdiki:i soati tʃor]
às doze	соатҳои дувоздаҳ	[soathoi duvozdah]

em vinte minutos	баъд аз бист дақиқа	[ba'd az bist daqiqa]
em uma hora	баъд аз як соат	[ba'd az jak soat]
a tempo	дар вақташ	[dar vaqtaʃ]

… um quarto para	понздаҳто кам	[ponzdahto kam]
dentro de uma hora	дар давоми як соат	[dar davomi jak soat]
a cada quinze minutos	ҳар понздаҳ дақиқа	[har ponzdah daqiqa]
as vinte e quatro horas	шабу рӯз	[ʃabu rœz]

21. Meses. Estações

janeiro (m)	январ	[janvar]
fevereiro (m)	феврал	[fevral]
março (m)	март	[mart]
abril (m)	апрел	[aprel]
maio (m)	май	[maj]
junho (m)	июн	[ijun]

julho (m)	июл	[ijul]
agosto (m)	август	[avgust]
setembro (m)	сентябр	[sentjabr]
outubro (m)	октябр	[oktjabr]

| novembro (m) | ноябр | [nojabr] |
| dezembro (m) | декабр | [dekabr] |

primavera (f)	баҳор, баҳорон	[bahor], [bahoron]
na primavera	дар фасли баҳор	[dar fasli bahor]
primaveril (adj)	баҳорй	[bahori:]

verão (m)	тобистон	[tobiston]
no verão	дар тобистон	[dar tobiston]
de verão	тобистона	[tobistona]

outono (m)	тирамоҳ	[tiramoh]
no outono	дар тирамоҳ	[dar tiramoh]
outonal (adj)	… и тирамоҳ	[i tiramoh]

inverno (m)	зимистон	[zimiston]
no inverno	дар зимистон	[dar zimiston]
de inverno	зимистонй, … и зимистон	[zimistoni:], [i zimiston]

mês (m)	моҳ	[moh]
este mês	ҳамин моҳ	[hamin moh]
mês que vem	дар моҳи оянда	[dar mohi ojanda]
no mês passado	дар моҳи гузашта	[dar mohi guzaʃta]

um mês atrás	як моҳ пеш	[jak moh peʃ]
em um mês	баъд аз як моҳ	[ba'd az jak moh]
em dois meses	баъд аз ду моҳ	[ba'd az du moh]
todo o mês	тамоми моҳ	[tamomi moh]
um mês inteiro	тамоми моҳ	[tamomi moh]

mensal (adj)	ҳармоҳа	[harmoha]
mensalmente	ҳар моҳ	[har moh]
todo mês	ҳар моҳ	[har moh]
duas vezes por mês	ду маротиба дар як моҳ	[du marotiba dar jak moh]

ano (m)	сол	[sol]
este ano	ҳамин сол	[hamin sol]
ano que vem	соли оянда	[soli ojanda]
no ano passado	соли гузашта	[soli guzaʃta]

há um ano	як сол пеш	[jak sol peʃ]
em um ano	баъд аз як сол	[ba'd az jak sol]
dentro de dois anos	баъд аз ду сол	[ba'd az du sol]
todo o ano	тамоми сол	[tamomi sol]
um ano inteiro	як соли пурра	[jak soli purra]

cada ano	ҳар сол	[har sol]
anual (adj)	ҳарсола	[harsola]
anualmente	ҳар сол	[har sol]
quatro vezes por ano	чор маротиба дар як сол	[ʧor marotiba dar jak sol]

data (~ de hoje)	таърих, рӯз	[ta'riҳ], [rœz]
data (ex. ~ de nascimento)	сана	[sana]
calendário (m)	тақвим, солнома	[taqvim], [solnoma]
meio ano	ним сол	[nim sol]
seis meses	нимсола	[nimsola]

| estação (f) | фасл | [fasl] |
| século (m) | аср | [asr] |

22. Unidades de medida

peso (m)	вазн	[vazn]
comprimento (m)	дарозй	[darozi:]
largura (f)	арз	[arz]
altura (f)	баландй	[balandi:]
profundidade (f)	чуқурй	[ʧuquri:]
volume (m)	ҳаҷм	[hadʒm]
área (f)	масоҳат	[masohat]

grama (m)	грам	[gram]
miligrama (m)	миллиграмм	[milligramm]
quilograma (m)	килограмм	[kilogramm]
tonelada (f)	тонна	[tonna]
libra (453,6 gramas)	қадоқ	[qadoq]
onça (f)	вақия	[vaqija]

metro (m)	метр	[metr]
milímetro (m)	миллиметр	[millimetr]
centímetro (m)	сантиметр	[santimetr]

| quilômetro (m) | километр | [kilometr] |
| milha (f) | мил | [mil] |

| pé (304,74 mm) | фут | [fut] |
| jarda (914,383 mm) | ярд | [jard] |

| metro (m) quadrado | метри квадратй | [metri kvadrati:] |
| hectare (m) | гектар | [gektar] |

litro (m)	литр	[litr]
grau (m)	дараҷа	[daradʒa]
volt (m)	волт	[volt]

| ampère (m) | ампер | [amper] |
| cavalo (m) de potência | қувваи асп | [quvvai asp] |

| quantidade (f) | миқдор | [miqdor] |
| um pouco de … | камтар | [kamtar] |

| metade (f) | нисф | [nisf] |
| peça (f) | дона | [dona] |

| tamanho (m), dimensão (f) | ҳаҷм | [hadʒm] |
| escala (f) | масштаб | [masʃtab] |

mínimo (adj)	камтарин	[kamtarin]
menor, mais pequeno	хурдтарин	[xurdtarin]
médio (adj)	миёна	[mijɔna]
máximo (adj)	ниҳоят калон	[nihɔjat kalon]
maior, mais grande	калонтарин	[kalontarin]

23. Recipientes

pote (m) de vidro	банкаи шишагӣ	[bankai ʃiʃagi:]
lata (~ de cerveja)	банкаи тунукагӣ	[bankai tunukagi:]
balde (m)	сатил	[satil]
barril (m)	бочка, чалак	[botʃka], [tʃalak]

bacia (~ de plástico)	тағора	[taʁora]
tanque (m)	бак, чалак	[bak], [tʃalak]
cantil (m) de bolso	обдон	[obdon]
galão (m) de gasolina	канистра	[kanistra]
cisterna (f)	систерна	[sisterna]

caneca (f)	кружка, дӯлча	[kruʒka], [dœltʃa]
xícara (f)	косача	[kosatʃa]
pires (m)	тақсимӣ, тақсимича	[taqsimi:], [taqsimitʃa]
copo (m)	стакан	[stakan]
taça (f) de vinho	бокал	[bokal]
panela (f)	дегча	[degtʃa]

garrafa (f)	шиша, сурохӣ	[ʃiʃa], [surohi:]
gargalo (m)	даҳани шиша	[dahani ʃiʃa]

jarra (f)	сурохӣ	[surohi:]
jarro (m)	кӯза	[kœza]
recipiente (m)	зарф	[zarf]
pote (m)	хурмача	[xurmatʃa]
vaso (m)	гулдон	[guldon]

frasco (~ de perfume)	шиша	[ʃiʃa]
frasquinho (m)	хубобча	[hubobtʃa]
tubo (m)	лӯлача	[lœlatʃa]

saco (ex. ~ de açúcar)	халта	[xalta]
sacola (~ plastica)	халта	[xalta]
maço (de cigarros, etc.)	қуттӣ	[qutti:]

caixa (~ de sapatos, etc.)	қуттӣ	[qutti:]
caixote (~ de madeira)	қуттӣ	[qutti:]
cesto (m)	сабад	[sabad]

O SER HUMANO

O ser humano. O corpo

24. Cabeça

cabeça (f)	сар	[sar]
rosto, cara (f)	рӯй	[rœj]
nariz (m)	бинӣ	[bini:]
boca (f)	даҳон	[dahon]
olho (m)	чашм, дида	[ʧaʃm], [dida]
olhos (m pl)	чашмон	[ʧaʃmon]
pupila (f)	гавҳараки чашм	[gavharaki ʧaʃm]
sobrancelha (f)	абрӯ, қош	[abrœ], [qoʃ]
cílio (f)	мижа	[miʒa]
pálpebra (f)	пилкҳои чашм	[pilkhoi ʧaʃm]
língua (f)	забон	[zabon]
dente (m)	дандон	[dandon]
lábios (m pl)	лабҳо	[labho]
maçãs (f pl) do rosto	устухони рухсора	[ustuχoni ruχsora]
gengiva (f)	зираи дандон	[zirai dandon]
palato (m)	ком	[kom]
narinas (f pl)	сурохии бинӣ	[suroχi:i bini:]
queixo (m)	манаҳ	[manah]
mandíbula (f)	ҷоғ	[ʤoʁ]
bochecha (f)	рухсор	[ruχsor]
testa (f)	пешона	[peʃona]
têmpora (f)	чакка	[ʧakka]
orelha (f)	гӯш	[gœʃ]
costas (f pl) da cabeça	пушти сар	[puʃti sar]
pescoço (m)	гардан	[gardan]
garganta (f)	гулӯ	[gulœ]
cabelo (m)	мӯйи сар	[mœji sar]
penteado (m)	ороиши мӯйсар	[oroiʃi mœjsar]
corte (m) de cabelo	ороиши мӯйсар	[oroiʃi mœjsar]
peruca (f)	мӯи ориятӣ	[mœi orijati:]
bigode (m)	муйлаб, бурут	[mujlab], [burut]
barba (f)	риш	[riʃ]
ter (~ barba, etc.)	мондан, доштан	[mondan], [doʃtan]
trança (f)	кокул	[kokul]
suíças (f pl)	риши бари рӯй	[riʃi bari rœj]
ruivo (adj)	сурхмуй	[surχmuj]
grisalho (adj)	сафед	[safed]

| careca (adj) | одамсар | [odamsar] |
| calva (f) | тосии сар | [tosi:i sar] |

| rabo-de-cavalo (m) | думча | [dumtʃa] |
| franja (f) | пича | [pitʃa] |

25. Corpo humano

| mão (f) | панҷаи даст | [pandʒai dast] |
| braço (m) | даст | [dast] |

dedo (m)	ангушт	[anguʃt]
dedo (m) do pé	чилик, ангушт	[tʃilik], [anguʃt]
polegar (m)	нарангушт	[naranguʃt]
dedo (m) mindinho	ангушти хурд	[anguʃti χurd]
unha (f)	нохун	[noχun]

punho (m)	кулак, мушт	[kulak], [muʃt]
palma (f)	каф	[kaf]
pulso (m)	банди даст	[bandi dast]
antebraço (m)	бозу	[bozu]
cotovelo (m)	оринҷ	[orindʒ]
ombro (m)	китф	[kitʃ]

perna (f)	по	[po]
pé (m)	панҷаи пой	[pandʒai poj]
joelho (m)	зону	[zonu]
panturrilha (f)	соқи по	[soqi po]
quadril (m)	миён	[mijɔn]
calcanhar (m)	пошна	[poʃna]

corpo (m)	бадан	[badan]
barriga (f), ventre (m)	шикам	[ʃikam]
peito (m)	сина	[sina]
seio (m)	сина, пистон	[sina], [piston]
lado (m)	паҳлу	[pahlu]
costas (dorso)	пушт	[puʃt]
região (f) lombar	камаргоҳ	[kamargoh]
cintura (f)	миён	[mijɔn]

umbigo (m)	ноф	[nof]
nádegas (f pl)	сурин	[surin]
traseiro (m)	сурин	[surin]

sinal (m), pinta (f)	хол	[χol]
sinal (m) de nascença	хол	[χol]
tatuagem (f)	вашм	[vaʃm]
cicatriz (f)	доғи захм	[doʁi zaχm]

Vestuário & Acessórios

26. Roupa exterior. Casacos

roupa (f)	либос	[libos]
roupa (f) exterior	либоси боло	[libosi bolo]
roupa (f) de inverno	либоси зимистонй	[libosi zimistoni:]
sobretudo (m)	палто	[palto]
casaco (m) de pele	пӯстин	[pœstin]
jaqueta (f) de pele	нимпӯстин	[nimpœstin]
casaco (m) acolchoado	пуховик	[puχovik]
casaco (m), jaqueta (f)	куртка	[kurtka]
impermeável (m)	боронй	[boroni:]
a prova d'água	обногузар	[obnoguzar]

27. Vestuário de homem & mulher

camisa (f)	курта	[kurta]
calça (f)	шим, шалвор	[ʃim], [ʃalvor]
jeans (m)	шими чинс	[ʃimi dʒins]
paletó, terno (m)	пичак	[pidʒak]
terno (m)	костюм	[kostjum]
vestido (ex. ~ de noiva)	куртаи заннона	[kurtai zannona]
saia (f)	юбка	[jubka]
blusa (f)	блузка	[bluzka]
casaco (m) de malha	кофтаи бофта	[koftai bofta]
casaco, blazer (m)	жакет	[ʒaket]
camiseta (f)	футболка	[futbolka]
short (m)	шортик	[ʃortik]
training (m)	либоси варзишй	[libosi varziʃi:]
roupão (m) de banho	халат	[χalat]
pijama (m)	пижама	[piʒama]
suéter (m)	свитер	[sviter]
pulôver (m)	пуловер	[pulover]
colete (m)	камзӯл	[kamzœl]
fraque (m)	фрак	[frak]
smoking (m)	смокинг	[smoking]
uniforme (m)	либоси расмй	[libosi rasmi:]
roupa (f) de trabalho	либоси корй	[libosi kori:]
macacão (m)	комбинезон	[kombinezon]
jaleco (m), bata (f)	халат	[χalat]

28. Vestuário. Roupa interior

roupa (f) íntima	либоси таг	[libosi tag]
cueca boxer (f)	турсуки мардона	[tursuki mardona]
calcinha (f)	турсуки занона	[tursuki zanona]
camiseta (f)	майка	[majka]
meias (f pl)	пайпоқ	[pajpoq]
camisola (f)	куртаи хоб	[kurtai χob]
sutiã (m)	синабанд	[sinaband]
meias longas (f pl)	чуроби кутоҳ	[dʒurobi kutoh]
meias-calças (f pl)	колготка	[kolgotka]
meias (~ de nylon)	чуроби дароз	[tʃurobi daroz]
maiô (m)	либоси оббозй	[libosi obbozi:]

29. Adereços de cabeça

chapéu (m), touca (f)	кулоҳ, телпак	[kuloh], [telpak]
chapéu (m) de feltro	шляпаи моҳутй	[ʃljapai mohuti:]
boné (m) de beisebol	бейсболка	[bejsbolka]
boina (~ italiana)	кепка	[kepka]
boina (ex. ~ basca)	берет	[beret]
capuz (m)	либоси кулоҳдор	[libosi kulohdor]
chapéu panamá (m)	панамка	[panamka]
touca (f)	шапкаи бофтагй	[ʃapkai boftagi:]
lenço (m)	рӯймол	[rœjmol]
chapéu (m) feminino	кулоҳча	[kulohtʃa]
capacete (m) de proteção	тоскулоҳ	[toskuloh]
bibico (m)	пилотка	[pilotka]
capacete (m)	хӯд	[χœd]
chapéu-coco (m)	дегчакулох	[degtʃakuloχ]
cartola (f)	силиндр	[silindr]

30. Calçado

calçado (m)	пойафзол	[pojafzol]
botinas (f pl), sapatos (m pl)	патинка	[patinka]
sapatos (de salto alto, etc.)	кафш, туфли	[kafʃ], [tufli]
botas (f pl)	мӯза	[mœza]
pantufas (f pl)	шиппак	[ʃippak]
tênis (~ Nike, etc.)	крассовка	[krassovka]
tênis (~ Converse)	кетй	[keti:]
sandálias (f pl)	сандал	[sandal]
sapateiro (m)	мӯзадӯз	[mœzadœz]
salto (m)	пошна	[poʃna]

par (m)	чуфт	[dʒuft]
cadarço (m)	бандак	[bandak]
amarrar os cadarços	бандак гузарондан	[bandak guzarondan]
calçadeira (f)	кафчаи кафшпӯшӣ	[kaftʃai kafʃpœʃi:]
graxa (f) para calçado	креми пойафзол	[kremi pojafzol]

31. Acessórios pessoais

luva (f)	дастпӯшак	[dastpœʃak]
mitenes (f pl)	дастпӯшаки бепанча	[dastpœʃaki bepandʒa]
cachecol (m)	гарданпеч	[gardanpetʃ]
óculos (m pl)	айнак	[ajnak]
armação (f)	чанбарак	[tʃanbarak]
guarda-chuva (m)	соябон, чатр	[sojabon], [tʃatr]
bengala (f)	чӯб	[tʃœb]
escova (f) para o cabelo	чӯткаи мӯйсар	[tʃœtkai mœjsar]
leque (m)	бодбезак	[bodbezak]
gravata (f)	галстук	[galstuk]
gravata-borboleta (f)	галстук-шапарак	[galstuk-ʃaparak]
suspensórios (m pl)	шалворбанди китфӣ	[ʃalvorbandi kitfi:]
lenço (m)	дастрӯймол	[dastrœjmol]
pente (m)	шона	[ʃona]
fivela (f) para cabelo	сарсӯзан, бандак	[sarsœzan], [bandak]
grampo (m)	санчак	[sandʒak]
fivela (f)	сагаки тасма	[sagaki tasma]
cinto (m)	тасма	[tasma]
alça (f) de ombro	тасма	[tasma]
bolsa (f)	сумка	[sumka]
bolsa (feminina)	сумка	[sumka]
mochila (f)	борхалта	[borχalta]

32. Vestuário. Diversos

moda (f)	мод	[mod]
na moda (adj)	модшуда	[modʃuda]
estilista (m)	тархсоз	[tarhsoz]
colarinho (m)	гиребон, ёқа	[girebon], [jɔqa]
bolso (m)	киса	[kisa]
de bolso	... и киса	[i kisa]
manga (f)	остин	[ostin]
ganchinho (m)	банди либос	[bandi libos]
bragueta (f)	чоки пеши шим	[tʃoki peʃi ʃim]
zíper (m)	занчирак	[zandʒirak]
colchete (m)	гирехбанд	[girehband]
botão (m)	тугма	[tugma]

botoeira (casa de botão)	банди тугма	[bandi tugma]
soltar-se (vr)	канда шудан	[kanda ʃudan]

costurar (vi)	дӯхтан	[dœxtan]
bordar (vt)	гулдӯзӣ кардан	[guldœzi: kardan]
bordado (m)	гулдӯзӣ	[guldœzi:]
agulha (f)	сӯзани чокдӯзи	[sœzani tʃokdœzi]
fio, linha (f)	ресмон	[resmon]
costura (f)	чок	[tʃok]

sujar-se (vr)	олуда шудан	[oluda ʃudan]
mancha (f)	доғ, лакка	[doʁ], [lakka]
amarrotar-se (vr)	ғичим шудан	[ʁidʒim ʃudan]
rasgar (vt)	дарррондан	[darrondan]
traça (f)	куя	[kuja]

33. Cuidados pessoais. Cosméticos

pasta (f) de dente	хамираи дандон	[xamirai dandon]
escova (f) de dente	чӯткаи дандоншӯй	[tʃœtkai dandonʃœi:]
escovar os dentes	дандон шустан	[dandon ʃustan]

gilete (f)	ришгирак	[riʃgirak]
creme (m) de barbear	креми ришгирӣ	[kremi riʃgiri:]
barbear-se (vr)	риш гирифтан	[riʃ giriftan]

sabonete (m)	собун	[sobun]
xampu (m)	шампун	[ʃampun]

tesoura (f)	кайчӣ	[kajtʃi:]
lixa (f) de unhas	тарошаи нохунхо	[taroʃai noxunho]
corta-unhas (m)	анбӯрча барои нохунхо	[anbœrtʃa baroi noxunho]
pinça (f)	мӯйчинак	[mœjtʃinak]

cosméticos (m pl)	косметика	[kosmetika]
máscara (f)	ниқоби косметикӣ	[niqobi kosmetiki:]
manicure (f)	нохунорой	[noxunoroi:]
fazer as unhas	нохун оростан	[noxun orostan]
pedicure (f)	ороиши нохунхои пой	[oroiʃi noxunhoi poj]

bolsa (f) de maquiagem	косметичка	[kosmetitʃka]
pó (de arroz)	сафеда	[safeda]
pó (m) compacto	қуттии упо	[qutti:i upo]
blush (m)	сурхӣ	[surxi:]

água-de-colônia (f)	атр	[atr]
loção (f)	оби мушкин	[obi muʃkin]
colônia (f)	атр	[atr]

sombra (f) de olhos	тен барои пилкхои чашм	[ten baroi pilkhoi tʃaʃm]
delineador (m)	қалами чашм	[qalami tʃaʃm]
máscara (f), rímel (m)	туш барои мижахо	[tuʃ baroi miʒaho]
batom (m)	лабсурхкунак	[labsurxkunak]
esmalte (m)	лаки нохун	[laki noxun]

| laquê (m), spray fixador (m) | лаки мӯйсар | [laki mœjsar] |
| desodorante (m) | дезодорант | [dezodorant] |

creme (m)	крем, равгани рӯй	[krem], [ravʁani rœj]
creme (m) de rosto	креми рӯй	[kremi rœj]
creme (m) de mãos	креми даст	[kremi dast]
creme (m) antirrugas	креми зиддиожанг	[kremi ziddioʒang]
creme (m) de dia	креми рӯзона	[kremi rœzona]
creme (m) de noite	креми шабона	[kremi ʃabona]
de dia	рӯзона, ~и рӯз	[rœzona], [~i rœz]
da noite	шабона, ... и шаб	[ʃabona], [i ʃab]

absorvente (m) interno	тампон	[tampon]
papel (m) higiênico	когази хоҷатхона	[koʁazi χoʤatχona]
secador (m) de cabelo	мӯхушккунак	[mœχuʃkkunak]

34. Relógios de pulso. Relógios

relógio (m) de pulso	соати дастӣ	[soati dasti:]
mostrador (m)	лавҳаи соат	[lavhai soat]
ponteiro (m)	акрабак	[akrabak]
bracelete (em aço)	дастпона	[dastpona]
bracelete (em couro)	банди соат	[bandi soat]

pilha (f)	батареяча, батарейка	[batarejatʃa], [batarejka]
acabar (vi)	холӣ шудааст	[χoli: ʃudaast]
trocar a pilha	иваз кардани батаре	[ivaz kardani batare]
estar adiantado	пеш меравад	[peʃ meravad]
estar atrasado	ақиб мондан	[aqib mondan]

relógio (m) de parede	соати деворӣ	[soati devori:]
ampulheta (f)	соати регӣ	[soati regi:]
relógio (m) de sol	соати офтобӣ	[soati oftobi:]
despertador (m)	соати рӯимизии зангдор	[soati rœimizi:i zangdor]
relojoeiro (m)	соатсоз	[soatsoz]
reparar (vt)	таъмир кардан	[ta'mir kardan]

Alimentação. Nutrição

35. Comida

carne (f)	гӯшт	[gœʃt]
galinha (f)	мурғ	[murʁ]
frango (m)	чӯҷа	[tʃœdʒa]
pato (m)	мурғобӣ	[murʁobi:]
ganso (m)	қоз, ғоз	[qoz], [ʁoz]
caça (f)	сайди шикор	[sajdi ʃikor]
peru (m)	мурғи марчон	[murʁi mardʒon]

carne (f) de porco	гӯшти хук	[gœʃti χuk]
carne (f) de vitela	гӯшти гӯсола	[gœʃti gœsola]
carne (f) de carneiro	гӯшти гӯсфанд	[gœʃti gœsfand]
carne (f) de vaca	гӯшти гов	[gœʃti gov]
carne (f) de coelho	харгӯш	[χargœʃ]

linguiça (f), salsichão (m)	ҳасиб	[hasib]
salsicha (f)	ҳасибча	[hasibtʃa]
bacon (m)	бекон	[bekon]
presunto (m)	ветчина	[vettʃina]
pernil (m) de porco	рон	[ron]

patê (m)	паштет	[paʃtet]
fígado (m)	чигар	[dʒigar]
guisado (m)	гӯшти кӯфта	[gœʃti kœfta]
língua (f)	забон	[zabon]

ovo (m)	тухм	[tuχm]
ovos (m pl)	тухм	[tuχm]
clara (f) de ovo	сафедии тухм	[safedi:i tuχm]
gema (f) de ovo	зардии тухм	[zardi:i tuχm]

peixe (m)	моҳӣ	[mohi:]
mariscos (m pl)	маҳсулоти баҳрӣ	[mahsuloti bahri:]
crustáceos (m pl)	буғумпойҳо	[buʁumpojho]
caviar (m)	тухми моҳӣ	[tuχmi mohi:]

caranguejo (m)	харчанг	[χartʃang]
camarão (m)	креветка	[krevetka]
ostra (f)	садафак	[sadafak]
lagosta (f)	лангуст	[langust]
polvo (m)	ҳаштпо	[haʃtpo]
lula (f)	калмар	[kalmar]

esturjão (m)	гӯшти тосмоҳӣ	[gœʃti tosmohi:]
salmão (m)	озодмоҳӣ	[ozodmohi:]
halibute (m)	палтус	[paltus]
bacalhau (m)	равғанмоҳӣ	[ravʁanmohi:]

cavala, sarda (f)	зағӯтамоҳӣ	[zaʁœtamohi:]
atum (m)	самак	[samak]
enguia (f)	мормоҳӣ	[mormohi:]
truta (f)	гулмоҳӣ	[gulmohi:]
sardinha (f)	саморис	[samoris]
lúcio (m)	шӯртан	[ʃœrtan]
arenque (m)	шӯрмоҳӣ	[ʃœrmohi:]
pão (m)	нон	[non]
queijo (m)	панир	[panir]
açúcar (m)	шакар	[ʃakar]
sal (m)	намак	[namak]
arroz (m)	биринҷ	[birinʤ]
massas (f pl)	макарон	[makaron]
talharim, miojo (m)	угро	[ugro]
manteiga (f)	равғани маска	[ravʁani maska]
óleo (m) vegetal	равғани пок	[ravʁani pok]
óleo (m) de girassol	равғани офтобпараст	[ravʁani oftobparast]
margarina (f)	маргарин	[margarin]
azeitonas (f pl)	зайтун	[zajtun]
azeite (m)	равғани зайтун	[ravʁani zajtun]
leite (m)	шир	[ʃir]
leite (m) condensado	ширқиём	[ʃirqijɔm]
iogurte (m)	йогурт	[jɔgurt]
creme (m) azedo	қаймок	[qajmok]
creme (m) de leite	қаймоқ	[qajmoq]
maionese (f)	майонез	[majɔnez]
creme (m)	крем	[krem]
grãos (m pl) de cereais	ярма	[jarma]
farinha (f)	орд	[ord]
enlatados (m pl)	консерв	[konserv]
flocos (m pl) de milho	бадроқи чуворимакка	[badroqi ʤuvorimakka]
mel (m)	асал	[asal]
geleia (m)	чем	[ʤem]
chiclete (m)	сақич, илқ	[saqiʧ], [ilq]

36. Bebidas

água (f)	об	[ob]
água (f) potável	оби нӯшиданӣ	[obi nœʃidani:]
água (f) mineral	оби минералӣ	[obi minerali:]
sem gás (adj)	бе газ	[be gaz]
gaseificada (adj)	газнок	[gaznok]
com gás	газдор	[gazdor]
gelo (m)	ях	[jaχ]

com gelo	бо ях, яхдор	[bo jaχ], [jaχdor]
não alcoólico (adj)	беалкогол	[bealkogol]
refrigerante (m)	нӯшокии беалкогол	[nœʃoki:i bealkogol]
refresco (m)	нӯшокии хунук	[nœʃoki:i χunuk]
limonada (f)	лимонад	[limonad]

bebidas (f pl) alcoólicas	нӯшокиҳои спиртӣ	[nœʃokihoi spirti:]
vinho (m)	шароб, май	[ʃarob], [maj]
vinho (m) branco	маи ангури сафед	[mai anguri safed]
vinho (m) tinto	маи арғувонӣ	[mai arɐuvoni:]

licor (m)	ликёр	[likjɔr]
champanhe (m)	шампан	[ʃampan]
vermute (m)	вермут	[vermut]

uísque (m)	виски	[viski]
vodca (f)	арақ, водка	[araq], [vodka]
gim (m)	чин	[dʒin]
conhaque (m)	коняк	[konjak]
rum (m)	ром	[rom]

café (m)	қаҳва	[qahva]
café (m) preto	қаҳваи сиёҳ	[qahvai sijɔh]
café (m) com leite	ширқаҳва	[ʃirqahva]
cappuccino (m)	капучино	[kaputʃino]
café (m) solúvel	қаҳваи кӯфта	[qahvai kœfta]

leite (m)	шир	[ʃir]
coquetel (m)	коктейл	[koktejl]
batida (f), milkshake (m)	коктейли ширӣ	[koktejli ʃiri:]

suco (m)	шарбат	[ʃarbat]
suco (m) de tomate	шираи помидор	[ʃirai pomidor]
suco (m) de laranja	афшураи афлесун	[afʃurai aflesun]
suco (m) fresco	афшураи тоза тайёршуда	[afʃurai toza tajjɔrʃuda]

cerveja (f)	пиво	[pivo]
cerveja (f) clara	оби ҷави шафоф	[obi dʒavi ʃafoʃ]
cerveja (f) preta	оби ҷави торик	[obi dʒavi torik]

chá (m)	чой	[tʃoj]
chá (m) preto	чойи сиёҳ	[tʃoji sijɔh]
chá (m) verde	чои кабуд	[tʃoi kabud]

37. Vegetais

| vegetais (m pl) | сабзавот | [sabzavot] |
| verdura (f) | сабзавот | [sabzavot] |

tomate (m)	помидор	[pomidor]
pepino (m)	бодиринг	[bodiring]
cenoura (f)	сабзӣ	[sabzi:]
batata (f)	картошка	[kartoʃka]
cebola (f)	пиёз	[pijɔz]

alho (m)	сир	[sir]
couve (f)	карам	[karam]
couve-flor (f)	гулкарам	[gulkaram]
couve-de-bruxelas (f)	карами бруссели	[karami brusseli:]
brócolis (m pl)	карами брокколи	[karami brokkoli:]

beterraba (f)	лаблабу	[lablabu]
berinjela (f)	бодинчон	[bodindʒon]
abobrinha (f)	таррак	[tarrak]
abóbora (f)	каду	[kadu]
nabo (m)	шалғам	[ʃalʁam]

salsa (f)	чаъфарӣ	[dʒaˈfari:]
endro, aneto (m)	шибит	[ʃibit]
alface (f)	коху	[kohu]
aipo (m)	карафс	[karafs]
aspargo (m)	морчӯба	[mortʃœba]
espinafre (m)	испаноқ	[ispanoq]

ervilha (f)	нахӯд	[naχœd]
feijão (~ soja, etc.)	лӯбиё	[lœbijɔ]
milho (m)	чуворимакка	[dʒuvorimakka]
feijão (m) roxo	лӯбиё	[lœbijɔ]

pimentão (m)	қаламфур	[qalamfur]
rabanete (m)	шалғамча	[ʃalʁamtʃa]
alcachofra (f)	анганор	[anganor]

38. Frutos. Nozes

fruta (f)	мева	[meva]
maçã (f)	себ	[seb]
pera (f)	мурӯд, нок	[murœd], [nok]
limão (m)	лиму	[limu]
laranja (f)	афлесун, пӯртахол	[aflesun], [pœrtaχɔl]
morango (m)	қулфинай	[qulfinaj]

tangerina (f)	норанг	[norang]
ameixa (f)	олу	[olu]
pêssego (m)	шафтолу	[ʃaftolu]
damasco (m)	дарахти зардолу	[daraχti zardolu]
framboesa (f)	тамашк	[tamaʃk]
abacaxi (m)	ананас	[ananas]

banana (f)	банан	[banan]
melancia (f)	тарбуз	[tarbuz]
uva (f)	ангур	[angur]
ginja (f)	олуболу	[olubolu]
cereja (f)	гелос	[gelos]

toranja (f)	норинч	[norindʒ]
abacate (m)	авокадо	[avokado]
mamão (m)	папайя	[papajja]
manga (f)	анбаҳ	[anbah]

romã (f)	анор	[anor]
groselha (f) vermelha	коти сурх	[koti surχ]
groselha (f) negra	қоти сиёҳ	[qoti sijɔh]
groselha (f) espinhosa	бектошӣ	[bektoʃi:]
mirtilo (m)	черника	[tʃernika]
amora (f) silvestre	марминчон	[marmindʒon]
passa (f)	мавиз	[maviz]
figo (m)	анҷир	[andʒir]
tâmara (f)	хурмо	[χurmo]
amendoim (m)	финдуки заминӣ	[finduki zamini:]
amêndoa (f)	бодом	[bodom]
noz (f)	чормағз	[tʃormaʁz]
avelã (f)	финдиқ	[findiq]
coco (m)	норгил	[norgil]
pistaches (m pl)	писта	[pista]

39. Pão. Bolaria

pastelaria (f)	маҳсулоти қанноди	[mahsuloti qannodi]
pão (m)	нон	[non]
biscoito (m), bolacha (f)	кулчақанд	[kultʃaqand]
chocolate (m)	шоколад	[ʃokolad]
de chocolate	... и шоколад, шоколадӣ	[i ʃokolad], [ʃokoladi:]
bala (f)	конфет	[konfet]
doce (bolo pequeno)	пирожни	[piroʒni]
bolo (m) de aniversário	торт	[tort]
torta (f)	пирог	[pirog]
recheio (m)	пур кардани, андохтани	[pur kardani], [andoχtani]
geleia (m)	мураббо	[murabbo]
marmelada (f)	мармалод	[marmalod]
wafers (m pl)	вафлӣ	[vafli:]
sorvete (m)	яхмос	[jaχmos]
pudim (m)	пудинг	[puding]

40. Pratos cozinhados

prato (m)	таом	[taom]
cozinha (~ portuguesa)	таомхо	[taomho]
receita (f)	ретсепт	[retsept]
porção (f)	навола	[navola]
salada (f)	салат	[salat]
sopa (f)	шӯрбо	[ʃœrbo]
caldo (m)	булён	[buljɔn]
sanduíche (m)	бутерброд	[buterbrod]
ovos (m pl) fritos	тухмбирён	[tuχmbirjɔn]

| hambúrguer (m) | гамбургер | [gamburger] |
| bife (m) | бифштекс | [bifʃteks] |

acompanhamento (m)	хӯриши таом	[χœriʃi taom]
espaguete (m)	спагеттӣ	[spagetti:]
purê (m) de batata	пюре	[pjure]
pizza (f)	питса	[pitsa]
mingau (m)	шӯла	[ʃœla]
omelete (f)	омлет, тухмбирён	[omlet], [tuχmbirjɔn]

fervido (adj)	чӯшондашуда	[dʒœʃondaʃuda]
defumado (adj)	дудхӯрда	[dudχœrda]
frito (adj)	бирён	[birjɔn]
seco (adj)	хушк	[χuʃk]
congelado (adj)	яхкарда	[jaχkarda]
em conserva (adj)	дар сирко хобондашуда	[dar sirko χobondaʃuda]

doce (adj)	ширин	[ʃirin]
salgado (adj)	шӯр	[ʃœr]
frio (adj)	хунук	[χunuk]
quente (adj)	гарм	[garm]
amargo (adj)	талх	[talχ]
gostoso (adj)	бомаза	[bomaza]

cozinhar em água fervente	пухтан, чӯшондан	[puχtan], [dʒœʃondan]
preparar (vt)	пухтан	[puχtan]
fritar (vt)	бирён кардан	[birjɔn kardan]
aquecer (vt)	гарм кардан	[garm kardan]

salgar (vt)	намак андохтан	[namak andoχtan]
apimentar (vt)	қаламфур андохтан	[qalamfur andoχtan]
ralar (vt)	тарошидан	[taroʃidan]
casca (f)	пӯст	[pœst]
descascar (vt)	пӯст кандан	[pœst kandan]

41. Especiarias

sal (m)	намак	[namak]
salgado (adj)	шӯр	[ʃœr]
salgar (vt)	намак андохтан	[namak andoχtan]

pimenta-do-reino (f)	мурчи сиёх	[murtʃi sijɔh]
pimenta (f) vermelha	мурчи сурх	[murtʃi surχ]
mostarda (f)	хардал	[χardal]
raiz-forte (f)	қаҳзак	[qahzak]

condimento (m)	хӯриш	[χœriʃ]
especiaria (f)	дорувор	[doruvor]
molho (~ inglês)	қайла	[qajla]
vinagre (m)	сирко	[sirko]

anis estrelado (m)	тухми бодиён	[tuχmi bodijon]
manjericão (m)	нозбӯй, райхон	[nozbœj], [rajhon]
cravo (m)	қаланфури гардан	[qalanfuri gardan]

gengibre (m)	занчабил	[zandʒabil]
coentro (m)	кашнич	[kaʃnidʒ]
canela (f)	дорчин, долчин	[dortʃin], [doltʃin]

gergelim (m)	кунчид	[kundʒid]
folha (f) de louro	барги ғор	[bargi ʁor]
páprica (f)	қаламфур	[qalamfur]
cominho (m)	зира	[zira]
açafrão (m)	заъфарон	[zaʼfaron]

42. Refeições

| comida (f) | хӯрок, таом | [xœrok], [taom] |
| comer (vt) | хӯрдан | [xœrdan] |

café (m) da manhã	ноништа	[noniʃta]
tomar café da manhã	ноништа кардан	[noniʃta kardan]
almoço (m)	хӯроки пешин	[xœroki peʃin]
almoçar (vi)	хӯроки пешин хӯрдан	[xœroki peʃin xœrdan]
jantar (m)	шом	[ʃom]
jantar (vi)	хӯроки шом хӯрдан	[xœroki ʃom xœrdan]

| apetite (m) | иштихо | [iʃtiho] |
| Bom apetite! | ош шавад! | [oʃ ʃavad] |

abrir (~ uma lata, etc.)	кушодан	[kuʃodan]
derramar (~ líquido)	резондан	[rezondan]
derramar-se (vr)	рехтан	[rextan]

ferver (vi)	чӯшидан	[dʒœʃidan]
ferver (vt)	чӯшондан	[dʒœʃondan]
fervido (adj)	чӯшомада	[dʒœʃomada]

| esfriar (vt) | хунук кардан | [xunuk kardan] |
| esfriar-se (vr) | хунук шудан | [xunuk ʃudan] |

| sabor, gosto (m) | маза, таъм | [maza], [taʼm] |
| fim (m) de boca | таъм | [taʼm] |

emagrecer (vi)	хароб шудан	[xarob ʃudan]
dieta (f)	диета	[dieta]
vitamina (f)	витамин	[vitamin]
caloria (f)	калория	[kalorija]

| vegetariano (m) | гӯштнахӯранда | [gœʃtnaxœranda] |
| vegetariano (adj) | бегӯшт | [begœʃt] |

gorduras (f pl)	равған	[ravʁan]
proteínas (f pl)	сафедахо	[safedaho]
carboidratos (m pl)	карбогидратхо	[karbogidratho]

fatia (~ de limão, etc.)	тилим, порча	[tilim], [portʃa]
pedaço (~ de bolo)	порча	[portʃa]
migalha (f), farelo (m)	резгӣ	[rezgi:]

43. Por a mesa

colher (f)	қошуқ	[qoʃuq]
faca (f)	корд	[kord]
garfo (m)	чангча, чангол	[tʃangtʃa], [tʃangol]
xícara (f)	косача	[kosatʃa]
prato (m)	тақсимча	[taqsimtʃa]
pires (m)	тақсимй, тақсимича	[taqsimi:], [taqsimitʃa]
guardanapo (m)	салфетка	[salfetka]
palito (m)	дандонковак	[dandonkovak]

44. Restaurante

restaurante (m)	тарабхона	[tarabχona]
cafeteria (f)	қаҳвахона	[qahvaχona]
bar (m), cervejaria (f)	бар	[bar]
salão (m) de chá	чойхона	[tʃojχona]
garçom (m)	пешхизмат	[peʃχizmat]
garçonete (f)	пешхизмат	[peʃχizmat]
barman (m)	бармен	[barmen]
cardápio (m)	меню	[menju]
lista (f) de vinhos	рӯйхати шаробхо	[rœjχati ʃarobho]
reservar uma mesa	банд кардани миз	[band kardani miz]
prato (m)	таом	[taom]
pedir (vt)	супориш додан	[suporiʃ dodan]
fazer o pedido	фармоиш додан	[farmoiʃ dodan]
aperitivo (m)	аперитив	[aperitiv]
entrada (f)	хӯриш, газак	[χœriʃ], [gazak]
sobremesa (f)	десерт	[desert]
conta (f)	ҳисоб	[hisob]
pagar a conta	пардохт кардан	[pardoχt kardan]
dar o troco	бақия додан	[baqija dodan]
gorjeta (f)	чойпулй	[tʃojpuli:]

Família, parentes e amigos

45. Informação pessoal. Formulários

nome (m)	ном	[nom]
sobrenome (m)	фамилия	[familija]
data (f) de nascimento	рӯзи таваллуд	[rœzi tavallud]
local (m) de nascimento	ҷойи таваллуд	[dʒoji tavallud]
nacionalidade (f)	миллият	[millijat]
lugar (m) de residência	ҷои истиқомат	[dʒoi istiqomat]
país (m)	кишвар	[kiʃvar]
profissão (f)	касб	[kasb]
sexo (m)	ҷинс	[dʒins]
estatura (f)	қад	[qad]
peso (m)	вазн	[vazn]

46. Membros da família. Parentes

mãe (f)	модар	[modar]
pai (m)	падар	[padar]
filho (m)	писар	[pisar]
filha (f)	духтар	[duxtar]
caçula (f)	духтари хурдӣ	[duxtari xurdi:]
caçula (m)	писари хурдӣ	[pisari xurdi:]
filha (f) mais velha	духтари калонӣ	[duxtari kaloni:]
filho (m) mais velho	писари калонӣ	[pisari kaloni:]
irmão (m)	бародар	[barodar]
irmão (m) mais velho	ака	[aka]
irmão (m) mais novo	додар	[dodar]
irmã (f)	хоҳар	[xohar]
irmã (f) mais velha	апа	[apa]
irmã (f) mais nova	хоҳари хурд	[xohari xurd]
primo (m)	амакписар (ама-, таго-, хола-)	[amakpisar] ([ama], [taʁo], [xola])
prima (f)	амакдухтар (ама-, таго-, хола-)	[amakduxtar] ([ama], [taʁo], [xola])
mamãe (f)	модар, оча	[modar], [otʃa]
papai (m)	дада	[dada]
pais (pl)	волидайн	[volidajn]
criança (f)	кӯдак	[kœdak]
crianças (f pl)	бачагон, кӯдакон	[batʃagon], [kœdakon]
avó (f)	модаркалон, онакалон	[modarkalon], [onakalon]

avô (m)	бобо	[bobo]
neto (m)	набера	[nabera]
neta (f)	набера	[nabera]
netos (pl)	набераҳо	[naberaho]
tio (m)	таѓо, амак	[taʁo], [amak]
tia (f)	хола, амма	[χola], [amma]
sobrinho (m)	чиян	[ʤijan]
sobrinha (f)	чиян	[ʤijan]
sogra (f)	модарарӯс	[modararœs]
sogro (m)	падаршӯй	[padarʃœj]
genro (m)	почо, язна	[potʃo], [jazna]
madrasta (f)	модарандар	[modarandar]
padrasto (m)	падарандар	[padarandar]
criança (f) de colo	бачаи ширмак	[batʃai ʃirmak]
bebê (m)	кӯдаки ширмак	[kœdaki ʃirmak]
menino (m)	писарча, кӯдак	[pisartʃa], [kœdak]
mulher (f)	зан	[zan]
marido (m)	шавҳар, шӯй	[ʃavhar], [ʃœj]
esposo (m)	завҷ	[zavʤ]
esposa (f)	завҷа	[zavʤa]
casado (adj)	зандор	[zandor]
casada (adj)	шавҳардор	[ʃavhardor]
solteiro (adj)	безан	[bezan]
solteirão (m)	безан	[bezan]
divorciado (adj)	ҷудошудагӣ	[ʤudoʃudagi:]
viúva (f)	бева, бевазан	[beva], [bevazan]
viúvo (m)	бева, занмурда	[beva], [zanmurda]
parente (m)	хеш	[χeʃ]
parente (m) próximo	хеши наздик	[χeʃi nazdik]
parente (m) distante	хеши дур	[χeʃi dur]
parentes (m pl)	хешу табор	[χeʃu tabor]
órfão (m)	ятимбача	[jatimbatʃa]
órfã (f)	ятимдухтар	[jatimduχtar]
tutor (m)	васӣ	[vasi:]
adotar (um filho)	писар хондан	[pisar χondan]
adotar (uma filha)	духтархонд кардан	[duχtarχond kardan]

Medicina

47. Doenças

doença (f)	касалй, беморй	[kasali:], [bemori:]
estar doente	бемор будан	[bemor budan]
saúde (f)	тандурустй, саломатй	[tandurusti:], [salomati:]
nariz (m) escorrendo	зуком	[zukom]
amigdalite (f)	дарди гулӯ	[dardi gulœ]
resfriado (m)	шамол хӯрдани	[ʃamol χœrdani]
ficar resfriado	шамол хӯрдан	[ʃamol χœrdan]
bronquite (f)	бронхит	[bronχit]
pneumonia (f)	варами шуш	[varami ʃuʃ]
gripe (f)	грипп	[gripp]
míope (adj)	наздикбин	[nazdikbin]
presbita (adj)	дурбин	[durbin]
estrabismo (m)	олусй	[olusi:]
estrábico, vesgo (adj)	олус	[olus]
catarata (f)	катаракта	[katarakta]
glaucoma (m)	глаукома	[glaukoma]
AVC (m), apoplexia (f)	сактаи майна	[saktai majna]
ataque (m) cardíaco	инфаркт, сактаи дил	[infarkt], [saktai dil]
enfarte (m) do miocárdio	инфаркти миокард	[infarkti miokard]
paralisia (f)	фаладҗ	[faladʒ]
paralisar (vt)	фаладҗ шудан	[faladʒ ʃudan]
alergia (f)	аллергия	[allergija]
asma (f)	астма, зиққи нафас	[astma], [ziqqi nafas]
diabetes (f)	диабет	[diabet]
dor (f) de dente	дарди дандон	[dardi dandon]
cárie (f)	кариес	[karies]
diarreia (f)	шикамрав	[ʃikamrav]
prisão (f) de ventre	қабзият	[qabzijat]
desarranjo (m) intestinal	вайроншавии меъда	[vajronʃavi:i me'da]
intoxicação (f) alimentar	заҳролудшавй	[zahroludʃavi:]
intoxicar-se	заҳролуд шудан	[zahrolud ʃudan]
artrite (f)	артрит	[artrit]
raquitismo (m)	рахит, чиллаашӯр	[raχit], [tʃillaaʃœr]
reumatismo (m)	тарбод	[tarbod]
arteriosclerose (f)	атеросклероз	[ateroskleroz]
gastrite (f)	гастрит	[gastrit]
apendicite (f)	варами кӯррӯда	[varami kœrrœda]

| colecistite (f) | холетсистит | [χoletsistit] |
| úlcera (f) | захм | [zaχm] |

sarampo (m)	сурхча, сурхак	[surχʧa], [surχak]
rubéola (f)	сурхакон	[surχakon]
icterícia (f)	зардча, заъфарма	[zardʧa], [za'farma]
hepatite (f)	гепатит, кубод	[gepatit], [qubod]

esquizofrenia (f)	мачзубият	[madʒzubijat]
raiva (f)	хорй	[hori:]
neurose (f)	невроз, чунун	[nevroz], [ʧunun]
contusão (f) cerebral	зарб хӯрдани майна	[zarb χœrdani majna]

câncer (m)	саратон	[saraton]
esclerose (f)	склероз	[skleroz]
esclerose (f) múltipla	склерози густаришёфта	[sklerozi gustariʃʃofta]

alcoolismo (m)	майзадагй	[majzadagi:]
alcoólico (m)	майзада	[majzada]
sífilis (f)	оташак	[otaʃak]
AIDS (f)	СПИД	[spid]

tumor (m)	варам	[varam]
maligno (adj)	ганда	[ganda]
benigno (adj)	безарар	[bezarar]

febre (f)	табларза, варача	[tablarza], [varadʒa]
malária (f)	варача	[varadʒa]
gangrena (f)	гангрена	[gangrena]
enjoo (m)	касалии бахр	[kasali:i bahr]
epilepsia (f)	саръ	[sar']

epidemia (f)	эпидемия	[εpidemija]
tifo (m)	арака, домана	[araqa], [domana]
tuberculose (f)	сил	[sil]
cólera (f)	вабо	[vabo]
peste (f) bubônica	тоун	[toun]

48. Sintomas. Tratamentos. Parte 1

sintoma (m)	аломат	[alomat]
temperatura (f)	харорат, таб	[harorat], [tab]
febre (f)	харорати баланд	[harorati baland]
pulso (m)	набз	[nabz]

vertigem (f)	саргардй	[sargardi:]
quente (testa, etc.)	гарм	[garm]
calafrio (m)	ларза, варача	[larza], [varadʒa]
pálido (adj)	рангпарида	[rangparida]

tosse (f)	сулфа	[sulfa]
tossir (vi)	сулфидан	[sulfidan]
espirrar (vi)	атса задан	[atsa zadan]
desmaio (m)	бехушй	[behuʃi:]

desmaiar (vi)	беҳуш шудан	[behuʃ ʃudan]
mancha (f) preta	доғи кабуд, кабудӣ	[doʁi kabud], [kabudi:]
galo (m)	ғуррӣ	[ʁurri:]
machucar-se (vr)	зада шудан	[zada ʃudan]
contusão (f)	лат	[lat]
machucar-se (vr)	лату кӯб хӯрдан	[latu kœb xœrdan]

mancar (vi)	лангидан	[langidan]
deslocamento (f)	баромадан	[baromadan]
deslocar (vt)	баровардан	[barovardan]
fratura (f)	шикасти устухон	[ʃikasti ustuxon]
fraturar (vt)	устухон шикастан	[ustuxon ʃikastan]

corte (m)	буриш	[buriʃ]
cortar-se (vr)	буридан	[buridan]
hemorragia (f)	хунравӣ	[xunravi:]

queimadura (f)	сӯхта	[sœxta]
queimar-se (vr)	сӯзондан	[sœzondan]

picar (vt)	халондан	[xalondan]
picar-se (vr)	халидан	[xalidan]
lesionar (vt)	осеб дидан	[oseb didan]
lesão (m)	захм	[zaxm]
ferida (f), ferimento (m)	захм, реш	[zaxm], [reʃ]
trauma (m)	захм	[zaxm]

delirar (vi)	алой гуфтан	[aloi: guftan]
gaguejar (vi)	тутила шудан	[tutila ʃudan]
insolação (f)	офтобзанӣ	[oftobzani:]

49. Sintomas. Tratamentos. Parte 2

dor (f)	дард	[dard]
farpa (no dedo, etc.)	хор, зиреба	[xor], [zireba]

suor (m)	арақ	[araq]
suar (vi)	арақ кардан	[araq kardan]
vômito (m)	қайкунӣ	[qajkuni:]
convulsões (f pl)	рагкашӣ	[ragkaʃi:]

grávida (adj)	ҳомила	[homila]
nascer (vi)	таваллуд шудан	[tavallud ʃudan]
parto (m)	зоиш	[zoiʃ]
dar à luz	зоидан	[zoidan]
aborto (m)	аборт, бачапартой	[abort], [batʃapartoi:]

inspiração (f)	нафасгирӣ	[nafasgiri:]
expiração (f)	нафасбарорӣ	[nafasbarori:]
expirar (vi)	нафас баровардаи	[nafas barovardai]
inspirar (vi)	нафас кашидан	[nafas kaʃidan]

inválido (m)	инвалид	[invalid]
aleijado (m)	маъюб	[ma'jub]

drogado (m)	нашъаманд	[naʃʼamand]
surdo (adj)	кар, гӯшкар	[kar], [gœʃkar]
mudo (adj)	гунг	[gung]
surdo-mudo (adj)	кару гунг	[karu gung]

louco, insano (adj)	девона	[devona]
louco (m)	девона	[devona]
louca (f)	девона	[devona]
ficar louco	аз ақл бегона шудан	[az aql begona ʃudan]

gene (m)	ген	[gen]
imunidade (f)	сироятнопазирй	[sirojatnopaziri:]
hereditário (adj)	меросй, ирсй	[merosi:], [irsi:]
congênito (adj)	модарзод	[modarzod]

vírus (m)	вирус	[virus]
micróbio (m)	микроб	[mikrob]
bactéria (f)	бактерия	[bakterija]
infecção (f)	сироят	[sirojat]

50. Sintomas. Tratamentos. Parte 3

hospital (m)	касалхона	[kasalχona]
paciente (m)	бемор	[bemor]

diagnóstico (m)	ташхиси касалй	[taʃχisi kasali:]
cura (f)	муолича	[muolidʒa]
tratamento (m) médico	табобат	[tabobat]
curar-se (vr)	табобат гирифтан	[tabobat giriftan]
tratar (vt)	табобат кардан	[tabobat kardan]
cuidar (pessoa)	нигохубин кардан	[nigohubin kardan]
cuidado (m)	нигохубин	[nigohubin]

operação (f)	чаррохи	[dʒarrohi]
enfaixar (vt)	бо бандина бастан	[bo bandina bastan]
enfaixamento (m)	чароҳатбандй	[dʒarohatbandi:]

vacinação (f)	доругузаронй	[doruguzaroni:]
vacinar (vt)	эмгузаронй кардан	[ɛmguzaroni: kardan]
injeção (f)	сӯзанзанй	[sœzanzani:]
dar uma injeção	сӯзандору кардан	[sœzandoru kardan]

ataque (~ de asma, etc.)	хуруч	[χurudʒ]
amputação (f)	ампутатсия	[amputatsija]
amputar (vt)	ампутатсия кардан	[amputatsija kardan]
coma (f)	кома, игмо	[koma], [igmo]
estar em coma	дар кома будан	[dar koma budan]
reanimação (f)	шӯъбаи эҳё	[ʃœʼbai ɛhjo]

recuperar-se (vr)	сихат шудан	[sihat ʃudan]
estado (~ de saúde)	аҳвол	[ahvol]
consciência (perder a ~)	хуш	[huʃ]
memória (f)	хофиза	[hofiza]
tirar (vt)	кандан	[kandan]

obturação (f)	пломба	[plomba]
obturar (vt)	пломба занондан	[plomba zanondan]
hipnose (f)	гипноз	[gipnoz]
hipnotizar (vt)	гипноз кардан	[gipnoz kardan]

51. Médicos

médico (m)	духтур	[duχtur]
enfermeira (f)	ҳамшираи тиббӣ	[hamʃirai tibbi:]
médico (m) pessoal	духтури шахсӣ	[duχturi ʃaχsi:]
dentista (m)	духтури дандон	[duχturi dandon]
oculista (m)	духтури чашм	[duχturi ʧaʃm]
terapeuta (m)	терапевт	[terapevt]
cirurgião (m)	ҷаррох	[ʤarroh]
psiquiatra (m)	равонпизишк	[ravonpiziʃk]
pediatra (m)	духтури касалиҳои кӯдакона	[duχturi kasalihoi kœdakona]
psicólogo (m)	равоншинос	[ravonʃinos]
ginecologista (m)	гинеколог	[ginekolog]
cardiologista (m)	кардиолог	[kardiolog]

52. Medicina. Drogas. Acessórios

medicamento (m)	дору	[doru]
remédio (m)	дору	[doru]
receitar (vt)	таъйин кардан	[ta'jin kardan]
receita (f)	нусхаи даво	[nusχai davo]
comprimido (m)	ҳаб	[hab]
unguento (m)	марҳам	[marham]
ampola (f)	ампул	[ampul]
solução, preparado (m)	доруи обакӣ	[dorui obaki:]
xarope (m)	сироп	[sirop]
cápsula (f)	ҳаб	[hab]
pó (m)	хока	[χoka]
atadura (f)	дока	[doka]
algodão (m)	пахта	[paχta]
iodo (m)	йод	[jɔd]
curativo (m) adesivo	лейкопластир	[lejkoplastir]
conta-gotas (m)	қатрачакон	[qatraʧakon]
termômetro (m)	ҳароратсанҷ	[haroratsanʤ]
seringa (f)	обдуздак	[obduzdak]
cadeira (f) de rodas	аробачаи маъюбӣ	[arobaʧai ma'jubi:]
muletas (f pl)	бағаласо	[baʁalaso]
analgésico (m)	доруи дард	[dorui dard]
laxante (m)	мусхил	[mushil]

álcool (m)	спирт	[spirt]
ervas (f pl) medicinais	растанихои доругӣ	[rastanihoi dorugi:]
de ervas (chá ~)	… и алаф	[i alaf]

HABITAT HUMANO

Cidade

53. Cidade. Vida na cidade

cidade (f)	шаҳр	[ʃahr]
capital (f)	пойтахт	[pojtaχt]
aldeia (f)	деҳа, деҳ	[deha], [deh]
mapa (m) da cidade	нақшаи шаҳр	[naqʃai ʃahr]
centro (m) da cidade	маркази шаҳр	[markazi ʃahr]
subúrbio (m)	шаҳрча	[ʃahrʧa]
suburbano (adj)	наздишаҳрй	[nazdiʃahri:]
periferia (f)	атроф, канор	[atrof], [kanor]
arredores (m pl)	атрофи шаҳр	[atrofi ʃahr]
quarteirão (m)	квартал, маҳалла	[kvartal], [mahalla]
quarteirão (m) residencial	маҳаллаи истиқоматй	[mahallai istiqomati:]
tráfego (m)	ҳаракат дар кӯча	[harakat dar kœʧa]
semáforo (m)	чароғи раҳнамо	[ʧaroʁi rahnamo]
transporte (m) público	нақлиёти шаҳрй	[naqlijoti ʃahri:]
cruzamento (m)	чорраҳа	[ʧorraha]
faixa (f)	гузаргоҳи пиёдагардон	[guzargohi pijodagardon]
túnel (m) subterrâneo	гузаргоҳи зеризаминй	[guzargohi zerizamini:]
cruzar, atravessar (vt)	гузаштан	[guzaʃtan]
pedestre (m)	пиёдагард	[pijodagard]
calçada (f)	пиёдараҳа	[pijodaraha]
ponte (f)	пул, кӯпрук	[pul], [kœpruk]
margem (f) do rio	соҳил	[sohil]
fonte (f)	фаввора	[favvora]
alameda (f)	кӯчабоғ	[kœʧaboʁ]
parque (m)	боғ	[boʁ]
bulevar (m)	кӯчабоғ, гулгашт	[kœʧaboʁ], [gulgaʃt]
praça (f)	майдон	[majdon]
avenida (f)	хиёбон	[χijobon]
rua (f)	кӯча	[kœʧa]
travessa (f)	тангкӯча	[tangkœʧa]
beco (m) sem saída	кӯчаи бумбаста	[kœʧai bumbasta]
casa (f)	хона	[χona]
edifício, prédio (m)	бино	[bino]
arranha-céu (m)	иморати осмонхарош	[imorati osmonχaroʃ]
fachada (f)	намо	[namo]
telhado (m)	бом	[bom]

janela (f)	тиреза	[tireza]
arco (m)	равоқ, тоқ	[ravoq], [toq]
coluna (f)	сутун	[sutun]
esquina (f)	бурчак	[burtʃak]

vitrine (f)	витрина	[vitrina]
letreiro (m)	лавҳа	[lavha]
cartaz (do filme, etc.)	эълоннома	[ɛ'lonnoma]
cartaz (m) publicitário	плакати реклама	[plakati reklama]
painel (m) publicitário	лавҳаи эълонхо	[lavhai ɛ'lonho]

lixo (m)	ахлот, хокрӯба	[axlot], [xokrœba]
lata (f) de lixo	ахлотқуттӣ	[axlotqutti:]
jogar lixo na rua	ифлос кардан	[iflos kardan]
aterro (m) sanitário	партовгоҳ	[partovgoh]

orelhão (m)	будкаи телефон	[budkai telefon]
poste (m) de luz	сутуни фонус	[sutuni fonus]
banco (m)	нимкат	[nimkat]

polícia (m)	полис	[polis]
polícia (instituição)	полис	[polis]
mendigo, pedinte (m)	гадо	[gado]
desabrigado (m)	беҳона	[beχona]

54. Instituições urbanas

loja (f)	магазин	[magazin]
drogaria (f)	дорухона	[doruχona]
ótica (f)	оптика	[optika]
centro (m) comercial	маркази савдо	[markazi savdo]
supermercado (m)	супермаркет	[supermarket]

padaria (f)	дӯкони нонфурӯшӣ	[dœkoni nonfurœʃi:]
padeiro (m)	нонвой	[nonvoj]
pastelaria (f)	қаннодӣ	[qannodi:]
mercearia (f)	дӯкони баққолӣ	[dœkoni baqqoli:]
açougue (m)	дӯкони гӯштфурӯшӣ	[dœkoni gœʃtfurœʃi:]

fruteira (f)	дӯкони сабзавот	[dœkoni sabzavot]
mercado (m)	бозор	[bozor]

cafeteria (f)	қаҳвахона	[qahvaχona]
restaurante (m)	тарабхона	[tarabχona]
bar (m)	пивохона	[pivoχona]
pizzaria (f)	питсерия	[pitserija]

salão (m) de cabeleireiro	сартарошхона	[sartaroʃχona]
agência (f) dos correios	пӯшта	[pœʃta]
lavanderia (f)	козургарии химиявӣ	[kozurgari:i χimijavi:]

estúdio (m) fotográfico	суратгирхона	[suratgirχona]
sapataria (f)	магазини пойафзолфурӯшӣ	[magazini pojafzolfurœʃi:]

| livraria (f) | мағозаи китоб | [maʁozai kitob] |
| loja (f) de artigos esportivos | мағозаи варзишй | [maʁozai varziʃi:] |

costureira (m)	таъмири либос	[ta'miri libos]
aluguel (m) de roupa	кирояи либос	[kirojai libos]
videolocadora (f)	кирояи филмхо	[kirojai filmho]

circo (m)	сирк	[sirk]
jardim (m) zoológico	боғи хайвонот	[boʁi hajvonot]
cinema (m)	кинотеатр	[kinoteatr]
museu (m)	осорхона	[osorχona]
biblioteca (f)	китобхона	[kitobχona]

teatro (m)	театр	[teatr]
ópera (f)	опера	[opera]
boate (casa noturna)	клуби шабона	[klubi ʃabona]
cassino (m)	казино	[kazino]

mesquita (f)	масчид	[masdʒid]
sinagoga (f)	каниса	[kanisa]
catedral (f)	собор	[sobor]
templo (m)	ибодатгох	[ibodatgoh]
igreja (f)	калисо	[kaliso]

faculdade (f)	институт	[institut]
universidade (f)	университет	[universitet]
escola (f)	мактаб	[maktab]

prefeitura (f)	префектура	[prefektura]
câmara (f) municipal	мэрия	[mɛrija]
hotel (m)	мехмонхона	[mehmonχona]
banco (m)	банк	[bank]

embaixada (f)	сафорат	[saforat]
agência (f) de viagens	турагенство	[turagenstvo]
agência (f) de informações	бюрои справкадихй	[bjuroi spravkadihi:]
casa (f) de câmbio	нуктаи мубодила	[nuqtai mubodila]

| metrô (m) | метро | [metro] |
| hospital (m) | касалхона | [kasalχona] |

| posto (m) de gasolina | нуктаи фурӯши сӯзишворй | [nuqtai furœʃi sœziʃvori:] |

| parque (m) de estacionamento | истгохи мошинхо | [istgohi moʃinho] |

55. Sinais

letreiro (m)	лавха	[lavha]
aviso (m)	хат, навиштачот	[χat], [naviʃtadʒot]
cartaz, pôster (m)	плакат	[plakat]
placa (f) de direção	аломат, нишона	[alomat], [niʃona]
seta (f)	аломати тир	[alomati tir]
aviso (advertência)	огохй	[ogohi:]
sinal (m) de aviso	огохй	[ogohi:]

avisar, advertir (vt)	танбеҳ додан	[tanbeh dodan]
dia (m) de folga	рӯзи истироҳат	[rœzi istirohat]
horário (~ dos trens, etc.)	чадвал	[dʒadval]
horário (m)	соати корй	[soati kori:]

BEM-VINDOS!	ХУШ ОМАДЕД!	[xuʃ omaded]
ENTRADA	ДАРОМАД	[daromad]
SAÍDA	БАРОМАД	[baromad]

EMPURRE	АЗ ХУД	[az xud]
PUXE	БА ХУД	[ba xud]
ABERTO	КУШОДА	[kuʃoda]
FECHADO	ПӮШИДА	[pœʃida]

MULHER	БАРОИ ЗАНОН	[baroi zanon]
HOMEM	БАРОИ МАРДОН	[baroi mardon]

DESCONTOS	ТАХФИФ	[taxfif]
SALDOS, PROMOÇÃO	АРЗОНФУРӮШЙ	[arzonfurœʃi:]
NOVIDADE!	МОЛИ НАВ!	[moli nav]
GRÁTIS	БЕПУЛ	[bepul]

ATENÇÃO!	ДИҚҚАТ!	[diqqat]
NÃO HÁ VAGAS	ҶОЙ НЕСТ	[dʒoj nest]
RESERVADO	БАНД АСТ	[band ast]

ADMINISTRAÇÃO	МАЪМУРИЯТ	[ma'murijat]
SOMENTE PESSOAL	ФАҚАТ БАРОИ	[faqat baroi
AUTORIZADO	КОРМАНДОН	kormandon]

CUIDADO CÃO FEROZ	САГИ ГАЗАНДА	[sagi gazanda]
PROIBIDO FUMAR!	ТАМОКУ НАКАШЕД!	[tamoku nakaʃed]
NÃO TOCAR	ДАСТ НАРАСОНЕД!	[dast narasoned]

PERIGOSO	ХАТАРНОК	[xatarnok]
PERIGO	ХАТАР	[xatar]
ALTA TENSÃO	ШИДДАТИ БАЛАНД	[ʃiddati baland]
PROIBIDO NADAR	ОББОЗЙ КАРДАН	[obbozi: kardan
	МАНЪ АСТ	man' ast]
COM DEFEITO	КОР НАМЕКУНАД	[kor namekunad]

INFLAMÁVEL	ОТАШАНГЕЗ	[otaʃangez]
PROIBIDO	МАНЪ АСТ	[man' ast]
ENTRADA PROIBIDA	ДАРОМАД МАНЪ АСТ	[daromad man' ast]
CUIDADO TINTA FRESCA	РАНГ КАРДА ШУДААСТ	[rang karda ʃudaast]

56. Transportes urbanos

ônibus (m)	автобус	[avtobus]
bonde (m) elétrico	трамвай	[tramvaj]
trólebus (m)	троллейбус	[trollejbus]
rota (f), itinerário (m)	маршрут	[marʃrut]
número (m)	рақам	[raqam]
ir de … (carro, etc.)	савор будан	[savor budan]

entrar no …	савор шудан	[savor ʃudan]
descer do …	фуромадан	[furomadan]
parada (f)	истгоҳ	[istgoh]
próxima parada (f)	истгоҳи дигар	[istgohi digar]
terminal (m)	истгоҳи охирон	[istgohi oχiron]
horário (m)	ҷадвал	[dʒadval]
esperar (vt)	поидан	[poidan]
passagem (f)	билет	[bilet]
tarifa (f)	арзиши чипта	[arziʃi tʃipta]
bilheteiro (m)	кассир	[kassir]
controle (m) de passagens	назорат	[nazorat]
revisor (m)	нозир	[nozir]
atrasar-se (vr)	дер мондан	[der mondan]
perder (o autocarro, etc.)	дер мондан	[der mondan]
estar com pressa	шитоб кардан	[ʃitob kardan]
táxi (m)	такси	[taksi]
taxista (m)	таксичӣ	[taksitʃi:]
de táxi (ir ~)	дар такси	[dar taksi]
ponto (m) de táxis	истгоҳи таксӣ	[istgohi taksi:]
chamar um táxi	даъват кардани таксӣ	[da'vat kardani taksi:]
pegar um táxi	такси гирифтан	[taksi giriftan]
tráfego (m)	ҳаракат дар кӯча	[harakat dar kœtʃa]
engarrafamento (m)	пробка	[probka]
horas (f pl) de pico	час пик	[tʃas pik]
estacionar (vi)	ҷой кардан	[dʒoj kardan]
estacionar (vt)	ҷой кардан	[dʒoj kardan]
parque (m) de estacionamento	истгоҳ	[istgoh]
metrô (m)	метро	[metro]
estação (f)	истгоҳ	[istgoh]
ir de metrô	бо метро рафтан	[bo metro raftan]
trem (m)	поезд, қатор	[poezd], [qator]
estação (f) de trem	вокзал	[vokzal]

57. Turismo

monumento (m)	ҳайкал	[hajkal]
fortaleza (f)	ҳисор	[hisor]
palácio (m)	қаср	[qasr]
castelo (m)	кӯшк	[kœʃk]
torre (f)	манора, бурҷ	[manora], [burdʒ]
mausoléu (m)	мавзолей, мақбара	[mavzolej], [maqbara]
arquitetura (f)	меъморӣ	[me'mori:]
medieval (adj)	асримиёнагӣ	[asrimijɔnagi:]
antigo (adj)	қадим	[qadim]
nacional (adj)	миллӣ	[milli:]
famoso, conhecido (adj)	маъруф	[ma'ruf]

turista (m)	саёхатчй	[sajɔhattʃi:]
guia (pessoa)	роҳбалад	[rohbalad]
excursão (f)	экскурсия	[ɛkskursija]
mostrar (vt)	нишон додан	[niʃon dodan]
contar (vt)	нақл кардан	[naql kardan]

encontrar (vt)	ёфтан	[jɔftan]
perder-se (vr)	роҳ гум кардан	[roh gum kardan]
mapa (~ do metrô)	накша	[nakʃa]
mapa (~ da cidade)	нақша	[naqʃa]

lembrança (f), presente (m)	тӯхфа	[tœhfa]
loja (f) de presentes	мағозаи туҳфаҳо	[maʁozai tuhfaho]
tirar fotos, fotografar	сурат гирифтан	[surat giriftan]
fotografar-se (vr)	сурати худро гирондан	[surati χudro girondan]

58. Compras

comprar (vt)	харидан	[χaridan]
compra (f)	харид	[χarid]
fazer compras	харид кардан	[χarid kardan]
compras (f pl)	шопинг	[ʃoping]

estar aberta (loja)	кушода будан	[kuʃoda budan]
estar fechada	маҳкам будан	[mahkam budan]

calçado (m)	пойафзол	[pojafzol]
roupa (f)	либос	[libos]
cosméticos (m pl)	косметика	[kosmetika]
alimentos (m pl)	озуқаворй	[ozuqavori:]
presente (m)	тӯхфа	[tœhfa]

vendedor (m)	фурӯш	[furœʃ]
vendedora (f)	фурӯш	[furœʃ]

caixa (f)	касса	[kassa]
espelho (m)	оина	[oina]
balcão (m)	пешдӯкон	[peʃdœkon]
provador (m)	чои пӯшида дидани либос	[dʒoi pœʃida didani libos]

provar (vt)	пӯшида дидан	[pœʃida didan]
servir (roupa, caber)	мувофиқ омадан	[muvofiq omadan]
gostar (apreciar)	форидан	[foridan]

preço (m)	нарх	[narχ]
etiqueta (f) de preço	нархнома	[narχnoma]
custar (vt)	арзидан	[arzidan]
Quanto?	Чанд пул?	[tʃand pul]
desconto (m)	тахфиф	[taχfif]

não caro (adj)	арзон	[arzon]
barato (adj)	арзон	[arzon]
caro (adj)	қимат	[qimat]
É caro	Ин қимат аст	[in qimat ast]

aluguel (m)	кироя	[kiroja]
alugar (roupas, etc.)	насия гирифтан	[nasija giriftan]
crédito (m)	қарз	[qarz]
a crédito	кредит гирифтан	[kredit giriftan]

59. Dinheiro

dinheiro (m)	пул	[pul]
câmbio (m)	мубодила, иваз	[mubodila], [ivaz]
taxa (f) de câmbio	қурб	[qurb]
caixa (m) eletrônico	банкомат	[bankomat]
moeda (f)	танга	[tanga]

dólar (m)	доллар	[dollar]
lira (f)	лираи италиявй	[lirai italijavi:]
marco (m)	маркаи олмонй	[markai olmoni:]
franco (m)	франк	[frank]
libra (f) esterlina	фунт стерлинг	[funt sterling]
iene (m)	иена	[iena]

dívida (f)	қарз	[qarz]
devedor (m)	қарздор	[qarzdor]
emprestar (vt)	қарз додан	[qarz dodan]
pedir emprestado	қарз гирифтан	[qarz giriftan]

banco (m)	банк	[bank]
conta (f)	ҳисоб	[hisob]
depositar (vt)	гузарондан	[guzarondan]
depositar na conta	ба суратҳисоб гузарондан	[ba surathisob guzarondan]
sacar (vt)	аз суратҳисоб гирифтан	[az surathisob giriftan]

cartão (m) de crédito	корти кредитй	[korti krediti:]
dinheiro (m) vivo	пули нақд, нақдина	[puli naqd], [naqdina]
cheque (m)	чек	[ʧek]
passar um cheque	чек навиштан	[ʧek naviʃtan]
talão (m) de cheques	дафтарчаи чек	[daftarʧai ʧek]

carteira (f)	ҳамён	[hamjɔn]
niqueleira (f)	ҳамён	[hamjɔn]
cofre (m)	сейф	[sejf]

herdeiro (m)	меросхӯр	[merosχœr]
herança (f)	мерос	[meros]
fortuna (riqueza)	дорой	[doroi:]

arrendamento (m)	ичора	[idʒora]
aluguel (pagar o ~)	ҳаққи манзил	[haqqi manzil]
alugar (vt)	ба ичора гирифтан	[ba idʒora giriftan]

preço (m)	нарх	[narχ]
custo (m)	арзиш	[arziʃ]
soma (f)	маблағ	[mablaʁ]
gastar (vt)	сарф кардан	[sarf kardan]
gastos (m pl)	харч, ҳазина	[χardʒ], [hazina]

| economizar (vi) | сарфа кардан | [sarfa kardan] |
| econômico (adj) | сарфакор | [sarfakor] |

pagar (vt)	пул додан	[pul dodan]
pagamento (m)	пардохт	[pardoχt]
troco (m)	баκияи пул	[baqijai pul]

imposto (m)	налог, андоз	[nalog], [andoz]
multa (f)	чарима	[dʒarima]
multar (vt)	чарима андохтан	[dʒarima andoχtan]

60. Correios. Serviço postal

agência (f) dos correios	почта	[potʃta]
correio (m)	почта	[potʃta]
carteiro (m)	хаткашон	[χatkaʃon]
horário (m)	соати корй	[soati kori:]

carta (f)	мактуб	[maktub]
carta (f) registada	хати супоришй	[χati suporiʃi:]
cartão (m) postal	руκъа	[ruq'a]
telegrama (m)	барκия	[barqija]
encomenda (f)	равонак	[ravonak]
transferência (f) de dinheiro	пули фиристодашуда	[puli firistodaʃuda]

receber (vt)	гирифтан	[giriftan]
enviar (vt)	ирсол кардан	[irsol kardan]
envio (m)	ирсол	[irsol]

endereço (m)	адрес, унвон	[adres], [unvon]
código (m) postal	индекси почта	[indeksi potʃta]
remetente (m)	ирсолкунанда	[irsolkunanda]
destinatário (m)	гиранда	[giranda]

| nome (m) | ном | [nom] |
| sobrenome (m) | фамилия | [familija] |

tarifa (f)	таърифа	[ta'rifa]
ordinário (adj)	муκаррарй	[muqarrari:]
econômico (adj)	камхарч	[kamχardʒ]

peso (m)	вазн	[vazn]
pesar (estabelecer o peso)	баркашидан	[barkaʃidan]
envelope (m)	конверт	[konvert]
selo (m) postal	марка	[marka]
colar o selo	марка часпонидан	[marka tʃasponidan]

Moradia. Casa. Lar

61. Casa. Eletricidade

eletricidade (f)	барқ	[barq]
lâmpada (f)	лампача, чароғча	[lampatʃa], [tʃaroʁtʃa]
interruptor (m)	калидак	[kalidak]
fusível, disjuntor (m)	пробка	[probka]
fio, cabo (m)	сим	[sim]
instalação (f) elétrica	сими барқ	[simi barq]
medidor (m) de eletricidade	хисобкунаки электрикй	[xisobkunaki ɛlektriki:]
indicação (f), registro (m)	нишондод	[niʃondod]

62. Moradia. Mansão

casa (f) de campo	хонаи берун аз шаҳр	[xonai berun az ʃahr]
vila (f)	кӯшк, чорбоғ	[kœʃk], [tʃorboʁ]
ala (~ do edifício)	қанот	[qanot]
jardim (m)	боғ	[boʁ]
parque (m)	боғ	[boʁ]
estufa (f)	гулхона	[gulxona]
cuidar de ...	нигоҳубин кардан	[nigohubin kardan]
piscina (f)	ҳавз	[havz]
academia (f) de ginástica	толори варзишй	[tolori varziʃi:]
quadra (f) de tênis	майдони теннис	[majdoni tennis]
cinema (m)	кинотеатр	[kinoteatr]
garagem (f)	гараж	[garaʒ]
propriedade (f) privada	мулки хусусй	[mulki xususi:]
terreno (m) privado	моликияти хусусй	[molikijati xususi:]
advertência (f)	огоҳй	[ogohi:]
sinal (m) de aviso	хати огоҳй	[xati ogohi:]
guarda (f)	посбонй	[posboni:]
guarda (m)	посбон	[posbon]
alarme (m)	сигналдиҳй	[signaldihi:]

63. Apartamento

apartamento (m)	манзил	[manzil]
quarto, cômodo (m)	хона, ӯтоқ	[xona], [œtoq]
quarto (m) de dormir	хонаи хоб	[xonai xob]

sala (f) de jantar	хонаи хӯрокхӯрӣ	[χonai χœrokχœri:]
sala (f) de estar	меҳмонхона	[mehmonχona]
escritório (m)	утоқ	[utoq]

sala (f) de entrada	мадхал, даҳлез	[madχal], [dahlez]
banheiro (m)	ваннахона	[vannaχona]
lavabo (m)	ҳоҷатхона	[hoʤatχona]

teto (m)	шифт	[ʃift]
chão, piso (m)	фарш	[farʃ]
canto (m)	кунҷ	[kunʤ]

64. Mobiliário. Interior

mobiliário (m)	мебел	[mebel]
mesa (f)	миз	[miz]
cadeira (f)	курсӣ	[kursi:]
cama (f)	кат	[kat]

sofá, divã (m)	диван	[divan]
poltrona (f)	курсӣ	[kursi:]

estante (f)	чевони китобмонӣ	[ʤevoni kitobmoni:]
prateleira (f)	раф, рафча	[raf], [raftʃa]

guarda-roupas (m)	чевони либос	[ʤevoni libos]
cabide (m) de parede	либосовезак	[libosovezak]
cabideiro (m) de pé	либосовезак	[libosovezak]

cômoda (f)	чевон	[ʤevon]
mesinha (f) de centro	мизи қаҳва	[mizi qahva]

espelho (m)	оина	[oina]
tapete (m)	гилем, қолин	[gilem], [qolin]
tapete (m) pequeno	гилемча	[gilemtʃa]

lareira (f)	оташдон	[otaʃdon]
vela (f)	шамъ	[ʃam']
castiçal (m)	шамъдон	[ʃam'don]

cortinas (f pl)	парда	[parda]
papel (m) de parede	зардеворӣ	[zardevori:]
persianas (f pl)	жалюзи	[ʒaljuzi]

luminária (f) de mesa	чароғи мизӣ	[tʃaroʁi mizi:]
luminária (f) de parede	чароғак	[tʃaroʁak]

abajur (m) de pé	торшер	[torʃer]
lustre (m)	қандил	[qandil]

pé (de mesa, etc.)	поя	[poja]
braço, descanso (m)	оринчмонаки курсӣ	[orinʤmonaki kursi:]
costas (f pl)	пуштаки курсӣ	[puʃtaki kursi:]
gaveta (f)	ғаладон	[ʁaladon]

65. Quarto de dormir

roupa (f) de cama	чилдхои болишту бистар	[dʒildhoi boliʃtu bistar]
travesseiro (m)	болишт	[boliʃt]
fronha (f)	чилди болишт	[dʒildi boliʃt]
cobertor (m)	кӯрпа	[kœrpa]
lençol (m)	чойпӯш	[dʒojpœʃ]
colcha (f)	болопӯш	[bolopœʃ]

66. Cozinha

cozinha (f)	ошхона	[oʃχona]
gás (m)	газ	[gaz]
fogão (m) a gás	плитаи газ	[plitai gaz]
fogão (m) elétrico	плитаи электрикй	[plitai ɛlektriki:]
forno (m) de micro-ondas	микроволновка	[mikrovolnovka]
geladeira (f)	яхдон	[jaχdon]
congelador (m)	яхдон	[jaχdon]
máquina (f) de lavar louça	мошини зарфшӯй	[moʃini zarfʃœj]
moedor (m) de carne	мошини гӯшткӯбй	[moʃini gœʃtkœbi:]
espremedor (m)	шарбаташшурак	[ʃarbataʃʃurak]
torradeira (f)	тостер	[toster]
batedeira (f)	миксер	[mikser]
máquina (f) de café	қахвачӯшонак	[qahvadʒœʃonak]
cafeteira (f)	зарфи қахвачӯшонй	[zarfi qahvadʒœʃoni:]
moedor (m) de café	дастоси қахва	[dastosi qahva]
chaleira (f)	чойник	[tʃojnik]
bule (m)	чойник	[tʃojnik]
tampa (f)	сарпӯш	[sarpœʃ]
coador (m) de chá	ғалберча	[ʁalbertʃa]
colher (f)	қошуқ	[qoʃuq]
colher (f) de chá	чойкошук	[tʃojkoʃuk]
colher (f) de sopa	қошуқи ошхӯрй	[qoʃuqi oʃχœri:]
garfo (m)	чангча, чангол	[tʃangtʃa], [tʃangol]
faca (f)	корд	[kord]
louça (f)	табақ	[tabaq]
prato (m)	тақсимча	[taqsimtʃa]
pires (m)	тақсимй, тақсимича	[taqsimi:], [taqsimitʃa]
cálice (m)	рюмка	[rjumka]
copo (m)	стакан	[stakan]
xícara (f)	косача	[kosatʃa]
açucareiro (m)	шакардон	[ʃakardon]
saleiro (m)	намақдон	[namaqdon]
pimenteiro (m)	қаламфурдон	[qalamfurdon]
manteigueira (f)	равғандон	[ravʁandon]

panela (f)	дегча	[degtʃa]
frigideira (f)	тоба	[toba]
concha (f)	кафлез, обгардон, сархумй	[kaflez], [obgardon], [sarχumi:]
bandeja (f)	лаълй	[la'li:]
garrafa (f)	шиша, сурохй	[ʃiʃa], [surohi:]
pote (m) de vidro	банкаи шишагй	[bankai ʃiʃagi:]
lata (~ de cerveja)	банкаи тунукагй	[bankai tunukagi:]
abridor (m) de garrafa	саркушояк	[sarkuʃojak]
abridor (m) de latas	саркушояк	[sarkuʃojak]
saca-rolhas (m)	пўккашак	[pœkkaʃak]
filtro (m)	филтр	[filtr]
filtrar (vt)	полоидан	[poloidan]
lixo (m)	ахлот	[aχlot]
lixeira (f)	сатили ахлот	[satili aχlot]

67. Casa de banho

banheiro (m)	ваннахона	[vannaχona]
água (f)	об	[ob]
torneira (f)	чуммак, мил	[dʒummak], [mil]
água (f) quente	оби гарм	[obi garm]
água (f) fria	оби сард	[obi sard]
pasta (f) de dente	хамираи дандон	[χamirai dandon]
escovar os dentes	дандон шустан	[dandon ʃustan]
escova (f) de dente	чўткаи дандоншўй	[tʃœtkai dandonʃœi:]
barbear-se (vr)	риш гирифтан	[riʃ giriftan]
espuma (f) de barbear	кафки ришгирй	[kafki riʃgiri:]
gilete (f)	ришгирак	[riʃgirak]
lavar (vt)	шустан	[ʃustan]
tomar banho	шустушў кардан	[ʃustuʃœ kardan]
tomar uma ducha	ба душ даромадан	[ba duʃ daromadan]
banheira (f)	ванна	[vanna]
vaso (m) sanitário	нишастгохи халочо	[niʃastgohi χalodʒo]
pia (f)	дастшўяк	[dastʃœjak]
sabonete (m)	собун	[sobun]
saboneteira (f)	собундон	[sobundon]
esponja (f)	исфанч	[isfandʒ]
xampu (m)	шампун	[ʃampun]
toalha (f)	сачоқ	[satʃoq]
roupão (m) de banho	халат	[χalat]
lavagem (f)	чомашўй	[dʒomaʃœi:]
lavadora (f) de roupas	мошини чомашўй	[moʃini dʒomaʃœi:]
lavar a roupa	чомашўй кардан	[dʒomaʃœi: kardan]
detergente (m)	хокаи чомашўй	[χokai dʒomaʃœi:]

68. Eletrodomésticos

televisor (m)	телевизор	[televizor]
gravador (m)	магнитафон	[magnitafon]
videogravador (m)	видеомагнитафон	[videomagnitafon]
rádio (m)	радио	[radio]
leitor (m)	плеер	[pleer]

projetor (m)	видеопроектор	[videoproektor]
cinema (m) em casa	кинотеатри хонагӣ	[kinoteatri χonagi:]
DVD Player (m)	DVD-монак	[εøε-monak]
amplificador (m)	қувватафзо	[quvvatafzo]
console (f) de jogos	плейстейшн	[plejstejʃn]

câmera (f) de vídeo	видеокамера	[videokamera]
máquina (f) fotográfica	фотоаппарат	[fotoapparat]
câmera (f) digital	суратгираки рақамӣ	[suratgiraki raqami:]

aspirador (m)	чангкашак	[tʃangkaʃak]
ferro (m) de passar	дарзмол	[darzmol]
tábua (f) de passar	тахтаи дарзмолкунӣ	[taχtai darzmolkuni:]

telefone (m)	телефон	[telefon]
celular (m)	телефони мобилӣ	[telefoni mobili:]
máquina (f) de escrever	мошинаи хатнависӣ	[moʃinai χatnavisi:]
máquina (f) de costura	мошинаи чокдӯзӣ	[moʃinai tʃokdœzi:]

microfone (m)	микрофон	[mikrofon]
fone (m) de ouvido	гӯшак, гӯшпӯшак	[gœʃak], [gœʃpœʃak]
controle remoto (m)	пулт	[pult]

CD (m)	компакт-диск	[kompakt-disk]
fita (f) cassete	кассета	[kasseta]
disco (m) de vinil	пластинка	[plastinka]

ATIVIDADES HUMANAS

Emprego. Negócios. Parte 1

69. Escritório. O trabalho no escritório

escritório (~ de advogados)	офис	[ofis]
escritório (do diretor, etc.)	утоқи кор	[utoqi kor]
recepção (f)	ресепшн	[resepʃn]
secretário (m)	котиб	[kotib]

diretor (m)	директор, мудир	[direktor], [mudir]
gerente (m)	менечер	[menedʒer]
contador (m)	бухғалтер	[buxʁalter]
empregado (m)	коркун	[korkun]

mobiliário (m)	мебел	[mebel]
mesa (f)	миз	[miz]
cadeira (f)	курсӣ	[kursi:]
gaveteiro (m)	чевонча	[dʒevontʃa]
cabideiro (m) de pé	либосовезак	[libosovezak]

computador (m)	компютер	[kompjuter]
impressora (f)	принтер	[printer]
fax (m)	факс	[faks]
fotocopiadora (f)	мошини нусхабардорӣ	[moʃini nusxabardori:]

papel (m)	қоғаз	[qoʁaz]
artigos (m pl) de escritório	молхои конселярӣ	[molhoi konseljari:]
tapete (m) para mouse	гилемчаи муш	[gilemtʃai muʃ]
folha (f)	варақ	[varaq]
pasta (f)	папка	[papka]

catálogo (m)	каталог	[katalog]
lista (f) telefônica	маълумотнома	[ma'lumotnoma]
documentação (f)	хуччатхо	[hudʒdʒatho]
brochura (f)	рисола, китобча	[risola], [kitobtʃa]
panfleto (m)	варақа	[varaqa]
amostra (f)	намуна	[namuna]

formação (f)	машқ	[maʃq]
reunião (f)	мачлис	[madʒlis]
hora (f) de almoço	танаффуси нисфирӯзӣ	[tanaffusi nisfirœzi:]

fazer uma cópia	нусха бардоштан	[nusxa bardoʃtan]
tirar cópias	бисёр кардан	[bisjor kardan]
receber um fax	факс гирифтан	[faks giriftan]
enviar um fax	факс фиристодан	[faks firistodan]
fazer uma chamada	занг задан	[zang zadan]

| responder (vt) | чавоб додан | [dʒavob dodan] |
| passar (vt) | алоқаманд кардан | [aloqamand kardan] |

marcar (vt)	муайян кардан	[muajjan kardan]
demonstrar (vt)	нишон додан	[niʃon dodan]
estar ausente	набудан	[nabudan]
ausência (f)	набуд	[nabud]

70. Processos negociais. Parte 1

| negócio (m) | кор, соҳибкорй | [kor], [sohibkori:] |
| ocupação (f) | кор | [kor] |

firma, empresa (f)	фирма	[firma]
companhia (f)	ширкат	[ʃirkat]
corporação (f)	корпоратсия	[korporatsija]
empresa (f)	муассиса, корхона	[muassisa], [korχona]
agência (f)	агенти шӯъба	[agenti ʃœ'ba]

acordo (documento)	шартнома, созишнома	[ʃartnoma], [soziʃnoma]
contrato (m)	шартнома	[ʃartnoma]
acordo (transação)	харидуфурӯш	[χaridufurœʃ]
pedido (m)	супориш	[suporiʃ]
termos (m pl)	шарт	[ʃart]

por atacado	кӯтара	[kœtara]
por atacado (adj)	кӯтара, яклухт	[kœtara], [jakluχt]
venda (f) por atacado	яклухтфурӯшй	[jakluχtfurœʃi:]
a varejo	чакана	[tʃakana]
venda (f) a varejo	чаканафурӯшй	[tʃakanafurœʃi:]

concorrente (m)	рақиб	[raqib]
concorrência (f)	рақобат	[raqobat]
competir (vi)	рақобат кардан	[raqobat kardan]

| sócio (m) | ҳариф | [harif] |
| parceria (f) | ҳарифй | [harifi:] |

crise (f)	бӯҳрон	[bœhron]
falência (f)	шикаст, муфлисй	[ʃikast], [muflisi:]
entrar em falência	муфлис шудан	[muflis ʃudan]
dificuldade (f)	душворй	[duʃvori:]
problema (m)	масъала	[mas'ala]
catástrofe (f)	шикаст	[ʃikast]

economia (f)	иқтисодиёт	[iqtisodijot]
econômico (adj)	… и иқтисодй	[i iqtisodi:]
recessão (f) econômica	таназзули иқтисодй	[tanazzuli iqtisodi:]

| objetivo (m) | мақсад | [maqsad] |
| tarefa (f) | вазифа | [vazifa] |

| comerciar (vi, vt) | савдо кардан | [savdo kardan] |
| rede (de distribuição) | муассисаҳо | [muassisaho] |

| estoque (m) | анбор | [anbor] |
| sortimento (m) | навъҳои мол | [nav'hoi mol] |

líder (m)	роҳбар	[rohbar]
grande (~ empresa)	калон	[kalon]
monopólio (m)	монополия, инхисор	[monopolija], [inhisor]

teoria (f)	назария	[nazarija]
prática (f)	таҷриба, амалия	[tadʒriba], [amalija]
experiência (f)	таҷриба	[tadʒriba]
tendência (f)	майл	[majl]
desenvolvimento (m)	пешравӣ	[peʃravi:]

71. Processos negociais. Parte 2

| rentabilidade (f) | фоида | [foida] |
| rentável (adj) | фоиданок | [foidanok] |

delegação (f)	ҳайати вакилон	[hajati vakilon]
salário, ordenado (m)	музди меҳнат	[muzdi mehnat]
corrigir (~ um erro)	ислоҳ кардан	[isloh kardan]
viagem (f) de negócios	командировка	[komandirovka]
comissão (f)	комиссия	[komissija]

controlar (vt)	назорат кардан	[nazorat kardan]
conferência (f)	конференсия	[konferensija]
licença (f)	чавознома	[dʒavoznoma]
confiável (adj)	боэътимод	[boɛ'timod]

empreendimento (m)	шурӯъ, ташаббус	[ʃurœ'], [taʃabbus]
norma (f)	норма	[norma]
circunstância (f)	ҳолат, маврид	[holat], [mavrid]
dever (do empregado)	вазифа	[vazifa]

empresa (f)	созмон	[sozmon]
organização (f)	ташкил	[taʃkil]
organizado (adj)	муташаккил	[mutaʃakkil]
anulação (f)	бекор кардани	[bekor kardani]
anular, cancelar (vt)	бекор кардан	[bekor kardan]
relatório (m)	ҳисоб, ҳисобот	[hisob], [hisobot]

patente (f)	патент	[patent]
patentear (vt)	патент додан	[patent dodan]
planejar (vt)	нақша кашидан	[naqʃa kaʃidan]

bônus (m)	чоиза	[dʒoiza]
profissional (adj)	касаба	[kasaba]
procedimento (m)	расму қоида	[rasmu qoida]

examinar (~ a questão)	матраҳ кардан	[matrah kardan]
cálculo (m)	муҳосиба	[muhosiba]
reputação (f)	шӯҳрат	[ʃœhrat]
risco (m)	хатар, таваккал	[xatar], [tavakkal]
dirigir (~ uma empresa)	сардорӣ кардан	[sardori: kardan]

informação (f)	маълумот	[ma'lumot]
propriedade (f)	моликият	[molikijat]
união (f)	иттиход	[ittihod]

seguro (m) de vida	суғуртакунии ҳаёт	[suʁurtakuni:i hajɔt]
fazer um seguro	суғурта кардан	[suʁurta kardan]
seguro (m)	суғурта	[suʁurta]

leilão (m)	савдо, фурӯш	[savdo], [furœʃ]
notificar (vt)	огоҳ кардан	[ogoh kardan]
gestão (f)	идоракунй	[idorakuni:]
serviço (indústria de ~s)	хизмат	[χizmat]

fórum (m)	маҷлис	[madʒlis]
funcionar (vi)	ҳаракат кардан	[harakat kardan]
estágio (m)	марҳала	[marhala]
jurídico, legal (adj)	ҳуқуқӣ, ... и ҳуқуқ	[huquqi:], [i huquq]
advogado (m)	ҳуқуқшинос	[huquqʃinos]

72. Produção. Trabalhos

usina (f)	завод	[zavod]
fábrica (f)	фабрика	[fabrika]
oficina (f)	сех	[seχ]
local (m) de produção	истеҳсолот	[istehsolot]

indústria (f)	саноат	[sanoat]
industrial (adj)	саноатӣ	[sanoati:]
indústria (f) pesada	саноати вазнин	[sanoati vaznin]
indústria (f) ligeira	саноати сабук	[sanoati sabuk]

produção (f)	тавлидот, маҳсул	[tavlidot], [mahsul]
produzir (vt)	истеҳсол кардан	[istehsol kardan]
matérias-primas (f pl)	ашёи хом	[aʃʃoi χom]

chefe (m) de obras	сардори бригада	[sardori brigada]
equipe (f)	бригада	[brigada]
operário (m)	коргар	[korgar]

dia (m) de trabalho	рӯзи кор	[rœzi kor]
intervalo (m)	танаффус	[tanaffus]
reunião (f)	маҷлис	[madʒlis]
discutir (vt)	муҳокима кардан	[muhokima kardan]

plano (m)	нақша	[naqʃa]
cumprir o plano	иҷрои нақша	[idʒroi naqʃa]
taxa (f) de produção	нормаи кор	[normai kor]
qualidade (f)	сифат	[sifat]
controle (m)	назорат	[nazorat]
controle (m) da qualidade	назорати сифат	[nazorati sifat]

segurança (f) no trabalho	беҳатарии меҳнат	[beχatari:i mehnat]
disciplina (f)	низом	[nizom]
infração (f)	вайронкунй	[vajronkuni:]

violar (as regras)	вайрон кардан	[vajron kardan]
greve (f)	корпартой	[korpartoi:]
grevista (m)	корпарто	[korparto]
estar em greve	корпартой кардан	[korpartoi: kardan]
sindicato (m)	ташкилоти касабавӣ	[taʃkiloti kasabavi:]
inventar (vt)	ихтироъ кардан	[iχtiro' kardan]
invenção (f)	ихтироъ	[iχtiro']
pesquisa (f)	таҳқиқ	[tahqiq]
melhorar (vt)	беҳтар кардан	[behtar kardan]
tecnologia (f)	технология	[teχnologija]
desenho (m) técnico	нақша, тарх	[naqʃa], [tarh]
carga (f)	бор	[bor]
carregador (m)	борбардор	[borbardor]
carregar (o caminhão, etc.)	бор кардан	[bor kardan]
carregamento (m)	бор кардан	[bor kardan]
descarregar (vt)	борро фуровардан	[borro furovardan]
descarga (f)	борфурорӣ	[borfurori:]
transporte (m)	нақлиёт	[naqlijɔt]
companhia (f) de transporte	ширкати нақлиётӣ	[ʃirkati naqlijɔti:]
transportar (vt)	кашондан	[kaʃondan]
vagão (m) de carga	вагони боркаш	[vagoni borkaʃ]
tanque (m)	систерна	[sisterna]
caminhão (m)	мошини боркаш	[moʃini borkaʃ]
máquina (f) operatriz	дастгоҳ	[dastgoh]
mecanismo (m)	механизм	[meχanizm]
resíduos (m pl) industriais	пасмондаҳо	[pasmondaho]
embalagem (f)	печонда бастан	[petʃonda bastan]
embalar (vt)	печонда бастан	[petʃonda bastan]

73. Contrato. Acordo

contrato (m)	шартнома	[ʃartnoma]
acordo (m)	созишнома	[soziʃnoma]
adendo, anexo (m)	илова	[ilova]
assinar o contrato	шартнома бастан	[ʃartnoma bastan]
assinatura (f)	имзо	[imzo]
assinar (vt)	имзо кардан	[imzo kardan]
carimbo (m)	мӯҳр	[mœhr]
objeto (m) do contrato	мавзӯи шартнома	[mavzœi ʃartnoma]
cláusula (f)	модда	[modda]
partes (f pl)	тарафҳо	[tarafho]
domicílio (m) legal	нишонии ҳуқуқӣ	[niʃoni:i huquqi:]
violar o contrato	вайрон кардани шартнома	[vajron kardani ʃartnoma]
obrigação (f)	вазифа, ӯҳдадорӣ	[vazifa], [œhdadori:]

responsabilidade (f)	масъулият	[mas'ulijat]
força (f) maior	форс-мажор	[fors-maʒor]
litígio (m), disputa (f)	бахс	[bahs]
multas (f pl)	чаримаи шартномавй	[dʒarimai ʃartnomavi:]

74. Importação & Exportação

importação (f)	воридот	[voridot]
importador (m)	воридгари мол	[voridgari mol]
importar (vt)	ворид кардан	[vorid kardan]
de importação	... и воридот	[i voridot]
exportação (f)	содирот	[sodirot]
exportador (m)	содиргар	[sodirgar]
exportar (vt)	содирот кардан	[sodirot kardan]
de exportação	... и содирот	[i sodirot]
mercadoria (f)	мол	[mol]
lote (de mercadorias)	як миқдор	[jak miqdor]
peso (m)	вазн	[vazn]
volume (m)	хачм	[hadʒm]
metro (m) cúbico	метри кубй	[metri kubi:]
produtor (m)	истеҳолкунанда	[isteholkunanda]
companhia (f) de transporte	ширкати нақлиётй	[ʃirkati naqlijoti:]
contêiner (m)	контейнер	[kontejner]
fronteira (f)	сарҳад	[sarhad]
alfândega (f)	гумрукхона	[gumrukҳona]
taxa (f) alfandegária	хаққи гумрукй	[ҳaqqi gumruki:]
funcionário (m) da alfândega	гумрукчй	[gumruktʃi:]
contrabando (atividade)	қочоқчигй	[qotʃoqtʃigi:]
contrabando (produtos)	қочоқ	[qotʃoq]

75. Finanças

ação (f)	саҳмия	[sahmija]
obrigação (f)	облигасия	[obligasija]
nota (f) promissória	вексел	[veksel]
bolsa (f) de valores	биржа	[birʒa]
cotação (m) das ações	қурби саҳмия	[qurbi sahmija]
tornar-se mais barato	арзон шудан	[arzon ʃudan]
tornar-se mais caro	қимат шудан	[qimat ʃudan]
parte (f)	ҳақ, саҳм	[haq], [sahm]
participação (f) majoritária	пакети контролй	[paketi kontroli:]
investimento (m)	маблағтузорй	[mablaɣtuzori:]
investir (vt)	гузоштан	[guzoʃtan]

| porcentagem (f) | фоиз | [foiz] |
| juros (m pl) | фоизҳо | [foizho] |

lucro (m)	даромад, фоида	[daromad], [foida]
lucrativo (adj)	фоиданок	[foidanok]
imposto (m)	налог, андоз	[nalog], [andoz]

divisa (f)	валюта асъор	[valjuta as'or]
nacional (adj)	миллӣ	[milli:]
câmbio (m)	мубодила, иваз	[mubodila], [ivaz]

| contador (m) | бухгалтер | [buxʁalter] |
| contabilidade (f) | бухгалтерия | [buxʁalterija] |

falência (f)	шикаст, муфлисӣ	[ʃikast], [muflisi:]
falência, quebra (f)	шикаст, ҳалокат	[ʃikast], [halokat]
ruína (f)	муфлисӣ	[muflisi:]
estar quebrado	муфлис шудан	[muflis ʃudan]
inflação (f)	беқурбшавии пул	[bekurbʃavi:i pul]
desvalorização (f)	беқурбшавии пул	[bequrbʃavi:i pul]

capital (m)	капитал	[kapital]
rendimento (m)	даромад	[daromad]
volume (m) de negócios	гардиш	[gardiʃ]
recursos (m pl)	захира	[zaχira]
recursos (m pl) financeiros	маблаги пулӣ	[mablaʁi puli:]

| despesas (f pl) gerais | харочоти иловагӣ | [χarodʒoti ilovagi:] |
| reduzir (vt) | кам кардан | [kam kardan] |

76. Marketing

marketing (m)	маркетинг	[marketing]
mercado (m)	бозор	[bozor]
segmento (m) do mercado	сегменти бозор	[segmenti bozor]
produto (m)	мол, маҳсул	[mol], [mahsul]
mercadoria (f)	мол	[mol]

marca (f)	тамгаи савдо, бренд	[tamʁai savdo], [brend]
marca (f) registrada	тамга	[tamʁa]
logotipo (m)	маркаи фирма	[markai firma]
logo (m)	логотип	[logotip]
demanda (f)	талабот	[talabot]
oferta (f)	таклиф	[taklif]
necessidade (f)	ниёз, талабот	[nijɔz], [talabot]
consumidor (m)	истеъмолкунанда	[iste'molkunanda]

análise (f)	таҳлил	[tahlil]
analisar (vt)	таҳлил кардан	[tahlil kardan]
posicionamento (m)	мавқеъ гирифтан	[mavqe' giriftan]
posicionar (vt)	мавқеъгирӣ	[mavqe'giri:]
preço (m)	нарх	[narχ]
política (f) de preços	сиёсати нархгузорӣ	[sijɔsati narχguzori:]
formação (f) de preços	нархгузорӣ	[narχguzori:]

77. Publicidade

publicidade (f)	реклама	[reklama]
fazer publicidade	эълон кардан	[ε'lon kardan]
orçamento (m)	бучет	[budʒet]
anúncio (m)	реклама, эълон	[reklama], [ε'lon]
publicidade (f) na TV	телереклама	[telereklama]
publicidade (f) na rádio	реклама дар радио	[reklama dar radio]
publicidade (f) exterior	рекламаи беруна	[reklamai beruna]
comunicação (f) de massa	васоити ахбор	[vasoiti aχbor]
periódico (m)	нашрияи даврй	[naʃrijai davri:]
imagem (f)	имидж	[imidʒ]
slogan (m)	шиор	[ʃior]
mote (m), lema (f)	шиор	[ʃior]
campanha (f)	маърака	[ma'raka]
campanha (f) publicitária	маърака реклама	[ma'raka reklama]
grupo (m) alvo	гурӯхи одамони ба мақсад чавобгӯ	[gurœhi odamoni ba maqsad dʒavobgœ]
cartão (m) de visita	варакаи боздид	[varakai bozdid]
panfleto (m)	варақа	[varaqa]
brochura (f)	рисола, китобча	[risola], [kitobtʃa]
folheto (m)	буклет	[buklet]
boletim (~ informativo)	бюллетен	[bjulleten]
letreiro (m)	лавха	[lavha]
cartaz, pôster (m)	плакат	[plakat]
painel (m) publicitário	лавхаи эълонхо	[lavhai ε'lonho]

78. Banca

banco (m)	банк	[bank]
balcão (f)	шӯъба	[ʃœ'ba]
consultor (m) bancário	мушовир	[muʃovir]
gerente (m)	идоракунанда	[idorakunanda]
conta (f)	хисоб	[hisob]
número (m) da conta	рақами суратхисоб	[raqami surathisob]
conta (f) corrente	хисоби чорй	[hisobi dʒori:]
conta (f) poupança	суратхисоби чамъшаванда	[surathisobi dʒam'ʃavanda]
abrir uma conta	суратхисоб кушодан	[surathisob kuʃodan]
fechar uma conta	бастани суратхисоб	[bastani surathisob]
depositar na conta	ба суратхисоб гузарондан	[ba surathisob guzarondan]
sacar (vt)	аз суратхисоб гирифтан	[az surathisob giriftan]
depósito (m)	амонат	[amonat]
fazer um depósito	маблағ гузоштан	[mablaʁ guzoʃtan]

| transferência (f) bancária | интиқоли маблағ | [intiqoli mablaʁ] |
| transferir (vt) | интиқол додан | [intiqol dodan] |

| soma (f) | маблағ | [mablaʁ] |
| Quanto? | Чй қадар? | [tʃi: qadar] |

| assinatura (f) | имзо | [imzo] |
| assinar (vt) | имзо кардан | [imzo kardan] |

cartão (m) de crédito	корти кредитй	[korti krediti:]
senha (f)	рамз, код	[ramz], [kod]
número (m) do cartão de crédito	рақами корти кредитй	[raqami korti krediti:]
caixa (m) eletrônico	банкомат	[bankomat]

cheque (m)	чек	[tʃek]
passar um cheque	чек навиштан	[tʃek naviʃtan]
talão (m) de cheques	дафтарчаи чек	[daftartʃai tʃek]

empréstimo (m)	қарз	[qarz]
pedir um empréstimo	барои кредит мурочиат кардан	[baroi kredit murodʒiat kardan]
obter empréstimo	кредит гирифтан	[kredit giriftan]
dar um empréstimo	кредит додан	[kredit dodan]
garantia (f)	кафолат, замонат	[kafolat], [zamonat]

79. Telefone. Conversação telefônica

telefone (m)	телефон	[telefon]
celular (m)	телефони мобилй	[telefoni mobili:]
secretária (f) eletrônica	худчавобгӯ	[χuddʒavobgœ]

| fazer uma chamada | телефон кардан | [telefon kardan] |
| chamada (f) | занг | [zang] |

discar um número	гирифтани рақамхо	[giriftani raqamho]
Alô!	алло, ха	[allo], [ha]
perguntar (vt)	пурсидан	[pursidan]
responder (vt)	чавоб додан	[dʒavob dodan]

ouvir (vt)	шунидан	[ʃunidan]
bem	хуб, нағз	[χub], [naʁz]
mal	бад	[bad]
ruído (m)	садохои бегона	[sadohoi begona]

fone (m)	гӯшак	[gi:ʃak]
pegar o telefone	бардоштани гӯшак	[bardoʃtani gœʃak]
desligar (vi)	мондани гӯшак	[mondani gœʃak]

ocupado (adj)	банд	[band]
tocar (vi)	занг задан	[zang zadan]
lista (f) telefônica	китоби телефон	[kitobi telefon]
local (adj)	махаллй	[mahalli:]
chamada (f) local	занги махаллй	[zangi mahalli:]

de longa distância	байнишахрӣ	[bajniʃahri:]
chamada (f) de longa distância	занги байнишахрӣ	[zangi bajniʃahri:]
internacional (adj)	байналхалқӣ	[bajnalχalqi:]

80. Telefone móvel

celular (m)	телефони мобилӣ	[telefoni mobili:]
tela (f)	дисплей	[displej]
botão (m)	тугмача	[tugmatʃa]
cartão SIM (m)	сим-корт	[sim-kort]

bateria (f)	батарея	[batareja]
descarregar-se (vr)	бе заряд шудан	[be zarjad ʃudan]
carregador (m)	асбоби барқпуркунанда	[asbobi barqpurkunanda]

| menu (m) | меню | [menju] |
| configurações (f pl) | соз кардан | [soz kardan] |

| melodia (f) | оҳанг | [ohang] |
| escolher (vt) | интихоб кардан | [intiχob kardan] |

calculadora (f)	ҳисобкунак	[hisobkunak]
correio (m) de voz	худчавобгӯ	[χudʤavobgœ]
despertador (m)	соати рӯимизии зангдор	[soati rœimizi:i zangdor]
contatos (m pl)	китоби телефон	[kitobi telefon]

| mensagem (f) de texto | СМС-хабар | [sms-χabar] |
| assinante (m) | муштарӣ | [muʃtari:] |

81. Estacionário

| caneta (f) | ручкаи саққочадор | [rutʃkai saqqotʃador] |
| caneta (f) tinteiro | парқалам | [parqalam] |

lápis (m)	қалам	[qalam]
marcador (m) de texto	маркер	[marker]
caneta (f) hidrográfica	фломастер	[flomaster]

| bloco (m) de notas | блокнот, дафтари ёддошт | [bloknot], [daftari joddoʃt] |
| agenda (f) | рӯзнома | [rœznoma] |

régua (f)	чадвал	[dʒadval]
calculadora (f)	ҳисобкунак	[hisobkunak]
borracha (f)	ластик	[lastik]

| alfinete (m) | кнопка | [knopka] |
| clipe (m) | скрепка | [skrepka] |

cola (f)	елим, шилм	[elim], [ʃilm]
grampeador (m)	степлер	[stepler]
apontador (m)	чарх	[tʃarχ]

82. Tipos de negócios

serviços (m pl) de contabilidade	хизмати муҳосиб	[χizmati muhosib]
publicidade (f)	реклама	[reklama]
agência (f) de publicidade	умури реклама	[umuri reklama]
ar (m) condicionado	кондитсионерхо	[konditsionerho]
companhia (f) aérea	ширкати ҳавопаймой	[ʃirkati havopajmoi:]
bebidas (f pl) alcoólicas	машруботи спиртдор	[maʃruboti spirtdor]
comércio (m) de antiguidades	атиқафурӯшй	[atiqafurœʃi:]
galeria (f) de arte	нигористон	[nigoriston]
serviços (m pl) de auditoria	хизмати аудиторй	[χizmati auditori:]
negócios (m pl) bancários	бизнеси бонкй	[biznesi bonki:]
bar (m)	бар	[bar]
salão (m) de beleza	кошонаи ҳусн	[koʃonai husn]
livraria (f)	маѓозаи китоб	[maʁozai kitob]
cervejaria (f)	корхонаи пивопазй	[korχonai pivopazi:]
centro (m) de escritórios	маркази бизнес	[markazi biznes]
escola (f) de negócios	мактаби бизнес	[maktabi biznes]
cassino (m)	казино	[kazino]
construção (f)	сохтумон	[soχtumon]
consultoria (f)	консалтинг	[konsalting]
clínica (f) dentária	дандонпизишкй	[dandonpiziʃki:]
design (m)	дизайн, зебосозй	[dizajn], [zebosozi:]
drogaria (f)	дорухона	[doruχona]
lavanderia (f)	козургарии химиявй	[kozurgari:i χimijavi:]
agência (f) de emprego	шӯъбаи кадрхо	[ʃœ'bai kadrho]
serviços (m pl) financeiros	хизмати молиявй	[χizmati molijavi:]
alimentos (m pl)	озуқаворй	[ozuqavori:]
funerária (f)	бюрои дафнкунй	[bjuroi dafnkuni:]
mobiliário (m)	мебел	[mebel]
roupa (f)	либос	[libos]
hotel (m)	меҳмонхона	[mehmonχona]
sorvete (m)	яхмос	[jaχmos]
indústria (f)	саноат	[sanoat]
seguro (~ de vida, etc.)	суѓуртакунй	[suʁurtakuni:]
internet (f)	интернет	[internet]
investimento (m)	маблаѓгузорй	[mablaʁtuzori:]
joalheiro (m)	ҷавҳарй	[dʒavhari:]
joias (f pl)	ҷавоҳирот	[dʒavohirot]
lavanderia (f)	ҷомашӯйхона	[dʒomaʃœjχona]
assessorias (f pl) jurídicas	ёрии ҳуқуқй	[jori:i huquqi:]
indústria (f) ligeira	саноати сабук	[sanoati sabuk]
revista (f)	маҷалла	[madʒalla]
vendas (f pl) por catálogo	савдо аз рӯи рӯйхат	[savdo az rœi rœjχat]
medicina (f)	тиб	[tib]
cinema (m)	кинотеатр	[kinoteatr]

museu (m)	осорхона	[osorχona]
agência (f) de notícias	очонсии хабарй	[odʒonsi:i χabari:]
jornal (m)	рӯзнома	[rœznoma]
boate (casa noturna)	клуби шабона	[klubi ʃabona]
petróleo (m)	нефт	[neft]
serviços (m pl) de remessa	шӯъбаи хаткашонй	[ʃœ'bai χatkaʃoni:]
indústria (f) farmacêutica	дорусозй	[dorusozi:]
tipografia (f)	чопхона	[tʃopχona]
editora (f)	нашриёт	[naʃrijɔt]
rádio (m)	радио	[radio]
imobiliário (m)	мулки ғайриманкул	[mulki ʁajrimankul]
restaurante (m)	тарабхона	[tarabχona]
empresa (f) de segurança	очонсии посбонй	[odʒonsi:i posboni:]
esporte (m)	варзиш	[varziʃ]
bolsa (f) de valores	биржа	[birʒa]
loja (f)	магазин	[magazin]
supermercado (m)	супермаркет	[supermarket]
piscina (f)	ҳавз	[havz]
alfaiataria (f)	ателе, коргоҳ	[atele], [korgoh]
televisão (f)	телевизион	[televizion]
teatro (m)	театр	[teatr]
comércio (m)	савдо	[savdo]
serviços (m pl) de transporte	кашондан	[kaʃondan]
viagens (f pl)	туризм, саёхат	[turizm], [sajɔχat]
veterinário (m)	духтури ҳайвонот	[duχturi hajvonot]
armazém (m)	анбор	[anbor]
recolha (f) do lixo	баровардани партов	[barovardani partov]

Emprego. Negócios. Parte 2

83. Espetáculo. Feira

| feira, exposição (f) | намоишгох | [namoiʃgoh] |
| feira (f) comercial | намоишгохи тичорати | [namoiʃgohi tidʒorati:] |

participação (f)	иштирок	[iʃtirok]
participar (vi)	иштирок кардан	[iʃtirok kardan]
participante (m)	иштирокчи	[iʃtiroktʃi:]

diretor (m)	директор, мудир	[direktor], [mudir]
direção (f)	кумитаи ташкилкунанда	[kumitai taʃkilkunanda]
organizador (m)	ташкилотчи	[taʃkilottʃi:]
organizar (vt)	ташкил кардан	[taʃkil kardan]

ficha (f) de inscrição	ариза барои иштирок	[ariza baroi iʃtirok]
preencher (vt)	пур кардан	[pur kardan]
detalhes (m pl)	чузъиёт	[dʒuz'ijɔt]
informação (f)	ахборот	[aχborot]

preço (m)	нарх	[narχ]
incluindo	дохил карда	[doχil karda]
incluir (vt)	дохил кардан	[doχil kardan]
pagar (vt)	пул додан	[pul dodan]
taxa (f) de inscrição	пардохти бақайдгири	[pardoχti baqajdgiri:]

entrada (f)	даромад	[daromad]
pavilhão (m), salão (f)	намоишгох	[namoiʃgoh]
inscrever (vt)	қайд кардан	[qajd kardan]
crachá (m)	бэч	[bɛdʒ]

| stand (m) | лавхаи намоиш | [lavhai namoiʃi:] |
| reservar (vt) | нигох доштан | [nigoh doʃtan] |

vitrine (f)	витрина	[vitrina]
lâmpada (f)	чароғ	[tʃaroʁ]
design (m)	дизайн, зебосози	[dizajn], [zebosozi:]
pôr (posicionar)	чойгир кардан	[dʒojgir kardan]
ser colocado, -a	чойгир шудан	[dʒojgir ʃudan]

distribuidor (m)	дистрибютор	[distribjutor]
fornecedor (m)	таъминкунанда	[ta'minkunanda]
fornecer (vt)	таъмин кардан	[ta'min kardan]

país (m)	кишвар	[kiʃvar]
estrangeiro (adj)	хоричи	[χoridʒi:]
produto (m)	мол, махсул	[mol], [mahsul]
associação (f)	ассотсиатсия	[assotsiatsija]
sala (f) de conferência	мачлисгох	[madʒlisgoh]

| congresso (m) | конгресс, анчуман | [kongress], [andʒuman] |
| concurso (m) | конкурс | [konkurs] |

visitante (m)	тамошобин	[tamoʃobin]
visitar (vt)	ба меҳмонӣ рафтан	[ba mehmoni: raftan]
cliente (m)	супоришдиҳанда	[suporiʃdihanda]

84. Ciência. Investigação. Cientistas

ciência (f)	фан, илм	[fan], [ilm]
científico (adj)	илмӣ, фаннӣ	[ilmi:], [fanni:]
cientista (m)	олим	[olim]
teoria (f)	назария	[nazarija]

axioma (m)	аксиома	[aksioma]
análise (f)	таҳлил	[tahlil]
analisar (vt)	таҳлил кардан	[tahlil kardan]
argumento (m)	далел, бурҳон	[dalel], [burhon]
substância (f)	модда	[modda]

hipótese (f)	гипотеза, фарзия	[gipoteza], [farzija]
dilema (m)	дилемма	[dilemma]
tese (f)	рисола	[risola]
dogma (m)	догма	[dogma]

doutrina (f)	доктрина	[doktrina]
pesquisa (f)	таҳқиқ	[tahqiq]
pesquisar (vt)	таҳқиқ кардан	[tahqiq kardan]
testes (m pl)	назорат	[nazorat]
laboratório (m)	лаборатория	[laboratorija]

método (m)	метод	[metod]
molécula (f)	молекула	[molekula]
monitoramento (m)	мониторинг	[monitoring]
descoberta (f)	кашф, ихтироъ	[kaʃf], [iχtiro']

postulado (m)	постулат	[postulat]
princípio (m)	принсип	[prinsip]
prognóstico (previsão)	пешгӯй	[peʃgœi:]
prognosticar (vt)	пешгӯй кардан	[peʃgœi: kardan]

síntese (f)	синтез	[sintez]
tendência (f)	майл	[majl]
teorema (m)	теорема	[teorema]

ensinamentos (m pl)	таълимот	[ta'limot]
fato (m)	факт	[fakt]
expedição (f)	экспедитсия	[ɛkspeditsija]
experiência (f)	таҷриба, санҷиш	[tadʒriba], [sandʒiʃ]

acadêmico (m)	академик	[akademik]
bacharel (m)	бакалавр	[bakalavr]
doutor (m)	духтур, табиб	[duχtur], [tabib]
professor (m) associado	дотсент	[dotsent]

mestrado (m)	**магистр**	[magistr]
professor (m)	**профессор**	[professor]

Profissões e ocupações

85. Procura de emprego. Demissão

trabalho (m)	кор	[kor]
equipe (f)	кадрхо	[kadrho]
pessoal (m)	ҳайат	[hajat]
carreira (f)	пешравӣ дар мансаб	[peʃravi: dar mansab]
perspectivas (f pl)	дурнамо	[durnamo]
habilidades (f pl)	ҳунар	[hunar]
seleção (f)	интихоб	[intiχob]
agência (f) de emprego	шӯъбаи кадрхо	[ʃœ'bai kadrho]
currículo (m)	резюме, сивӣ	[rezjume], [sivi:]
entrevista (f) de emprego	сӯҳбат	[sœhbat]
vaga (f)	вазифаи холӣ	[vazifai χoli:]
salário (m)	музди меҳнат	[muzdi mehnat]
salário (m) fixo	моҳона	[mohona]
pagamento (m)	ҳақдиҳӣ	[haqdihi:]
cargo (m)	вазифа	[vazifa]
dever (do empregado)	вазифа	[vazifa]
gama (f) de deveres	ҳудуди вазифа	[hududi vazifa]
ocupado (adj)	серкор	[serkor]
despedir, demitir (vt)	озод кардан	[ozod kardan]
demissão (f)	аз кор холӣ шудан	[az kor χoli: ʃudan]
desemprego (m)	бекорӣ	[bekori:]
desempregado (m)	бекор	[bekor]
aposentadoria (f)	нафақа	[nafaqa]
aposentar-se (vr)	ба нафақа баромадан	[ba nafaqa baromadan]

86. Gente de negócios

diretor (m)	директор, мудир	[direktor], [mudir]
gerente (m)	идоракунанда	[idorakunanda]
patrão, chefe (m)	роҳбар, сардор	[rohbar], [sardor]
superior (m)	сардор	[sardor]
superiores (m pl)	сардорон	[sardoron]
presidente (m)	президент	[prezident]
chairman (m)	раис	[rais]
substituto (m)	ҷонишин	[dʒoniʃin]
assistente (m)	ёвар	[jovar]

| secretário (m) | котиб | [kotib] |
| secretário (m) pessoal | котиби шахсй | [kotibi ʃaχsi:] |

homem (m) de negócios	корчаллон	[kortʃallon]
empreendedor (m)	соҳибкор	[sohibkor]
fundador (m)	таъсис	[ta'sis]
fundar (vt)	таъсис кардан	[ta'sis kardan]

principiador (m)	муассис	[muassis]
parceiro, sócio (m)	шарик	[ʃarik]
acionista (m)	саҳмиядор	[sahmijador]

milionário (m)	миллионер	[millioner]
bilionário (m)	миллиардер	[milliarder]
proprietário (m)	соҳиб	[sohib]
proprietário (m) de terras	заминдор	[zamindor]

cliente (m)	мизоч, муштарй	[mizoʤ], [muʃtari:]
cliente (m) habitual	мизочи доимй	[mizoʤi doimi:]
comprador (m)	харидор, муштарй	[χaridor], [muʃtari:]
visitante (m)	тамошобин	[tamoʃobin]

profissional (m)	усто, устод	[usto], [ustod]
perito (m)	мумайиз	[mumajiz]
especialista (m)	мутахассис	[mutaχassis]

| banqueiro (m) | соҳиби банк | [sohibi bank] |
| corretor (m) | брокер | [broker] |

caixa (m, f)	кассир	[kassir]
contador (m)	бухгалтер	[buχʁalter]
guarda (m)	посбон	[posbon]

investidor (m)	маблағгузоранда	[mablaʁguzoranda]
devedor (m)	қарздор	[qarzdor]
credor (m)	қарздиҳанда	[qarzdihanda]
mutuário (m)	вомгир	[vomgir]

| importador (m) | воридгари мол | [voridgari mol] |
| exportador (m) | содиргар | [sodirgar] |

produtor (m)	истеҳолкунанда	[isteholkunanda]
distribuidor (m)	дистрибютор	[distribjutor]
intermediário (m)	даллол	[dallol]

consultor (m)	мушовир	[muʃovir]
representante comercial	намоянда	[namojanda]
agente (m)	агент	[agent]
agente (m) de seguros	идораи суғурта	[idorai suʁurta]

87. Profissões de serviços

| cozinheiro (m) | ошпаз | [oʃpaz] |
| chefe (m) de cozinha | сарошпаз | [saroʃpaz] |

padeiro (m)	нонвой	[nonvoj]
barman (m)	бармен	[barmen]
garçom (m)	пешхизмат	[peʃχizmat]
garçonete (f)	пешхизмат	[peʃχizmat]

advogado (m)	адвокат, ҳимоягар	[advokat], [himojagar]
jurista (m)	ҳуқуқшинос	[huquqʃinos]
notário (m)	нотариус	[notarius]

eletricista (m)	барқчй	[barqʧi:]
encanador (m)	сантехник	[santeχnik]
carpinteiro (m)	дуредгар	[duredgar]

massagista (m)	масҳгар	[mashgar]
massagista (f)	маҳсгарзан	[mahsgarzan]
médico (m)	духтур	[duχtur]

taxista (m)	таксичй	[taksiʧi:]
condutor (automobilista)	рононда	[ronanda]
entregador (m)	хаткашон	[χatkaʃon]

camareira (f)	пешхизмат	[peʃχizmat]
guarda (m)	посбон	[posbon]
aeromoça (f)	стюардесса	[stjuardessa]

professor (m)	муаллим	[muallim]
bibliotecário (m)	китобдор	[kitobdor]
tradutor (m)	тарчумон	[tardʒumon]
intérprete (m)	тарчумон	[tardʒumon]
guia (m)	роҳбалад	[rohbalad]

cabeleireiro (m)	сартарош	[sartaroʃ]
carteiro (m)	хаткашон	[χatkaʃon]
vendedor (m)	фурӯш	[furœʃ]

jardineiro (m)	боғбон	[boʁbon]
criado (m)	хизматгор	[χizmatgor]
criada (f)	хизматгорзан	[χizmatgorzan]
empregada (f) de limpeza	фаррошзан	[farroʃzan]

88. Profissões militares e postos

soldado (m) raso	аскари қаторй	[askari qatori:]
sargento (m)	сержант	[serʒant]
tenente (m)	лейтенант	[lejtenant]
capitão (m)	капитан	[kapitan]

major (m)	майор	[major]
coronel (m)	полковник	[polkovnik]
general (m)	генерал	[general]
marechal (m)	маршал	[marʃal]
almirante (m)	адмирал	[admiral]
militar (m)	ҳарбй, чангй	[harbi:], [ʧangi:]
soldado (m)	аскар	[askar]

| oficial (m) | афсар | [afsar] |
| comandante (m) | командир | [komandir] |

guarda (m) de fronteira	сарҳадбон	[sarhadbon]
operador (m) de rádio	радиочӣ	[radiotʃi:]
explorador (m)	разведкачӣ	[razvedkatʃi:]
sapador-mineiro (m)	сапёр	[sapjor]
atirador (m)	тирандоз	[tirandoz]
navegador (m)	штурман	[ʃturman]

89. Oficiais. Padres

| rei (m) | шоҳ | [ʃoh] |
| rainha (f) | малика | [malika] |

| príncipe (m) | шоҳзода | [ʃohzoda] |
| princesa (f) | шоҳдухтар | [ʃohduχtar] |

| czar (m) | шоҳ | [ʃoh] |
| czarina (f) | шоҳзан | [ʃohzan] |

presidente (m)	президент	[prezident]
ministro (m)	вазир	[vazir]
primeiro-ministro (m)	сарвазир	[sarvazir]
senador (m)	сенатор	[senator]

diplomata (m)	дипломат	[diplomat]
cônsul (m)	консул	[konsul]
embaixador (m)	сафир	[safir]
conselheiro (m)	мушовир	[muʃovir]

funcionário (m)	амалдор	[amaldor]
prefeito (m)	префект	[prefekt]
Presidente (m) da Câmara	мир	[mir]

| juiz (m) | довар | [dovar] |
| procurador (m) | прокурор, додситон | [prokuror], [dodsiton] |

missionário (m)	миссионер, мубаллиғ	[missioner], [muballiʁ]
monge (m)	роҳиб	[rohib]
abade (m)	аббат	[abbat]
rabino (m)	раббӣ	[rabbi:]

vizir (m)	вазир	[vazir]
xá (m)	шоҳ	[ʃoh]
xeique (m)	шайх	[ʃajχ]

90. Profissões agrícolas

abelheiro (m)	занбӯрпарвар	[zanbœrparvar]
pastor (m)	подабон	[podabon]
agrônomo (m)	агроном	[agronom]

| criador (m) de gado | чорводор | [ʧorvodor] |
| veterinário (m) | духтури ҳайвонот | [duχturi hajvonot] |

agricultor, fazendeiro (m)	фермер	[fermer]
vinicultor (m)	шаробсоз	[ʃarobsoz]
zoólogo (m)	зоолог	[zoolog]
vaqueiro (m)	ковбой	[kovboj]

91. Profissões artísticas

| ator (m) | ҳунарманд | [hunarmand] |
| atriz (f) | ҳунарманд | [hunarmand] |

| cantor (m) | сурудхон, ҳофиз | [surudχon], [hofiz] |
| cantora (f) | сароянда | [sarojanda] |

| bailarino (m) | раққос | [raqqos] |
| bailarina (f) | раққоса | [raqqosa] |

| artista (m) | ҳунарманд | [hunarmand] |
| artista (f) | ҳунарманд | [hunarmand] |

músico (m)	мусиқачй	[musiqatʃi:]
pianista (m)	пианинонавоз	[pianinonavoz]
guitarrista (m)	гиторчй	[gitortʃi:]

maestro (m)	дирижёр	[diriʒjor]
compositor (m)	композитор, бастакор	[kompozitor], [bastakor]
empresário (m)	импрессарио	[impressario]

diretor (m) de cinema	коргардон	[korgardon]
produtor (m)	продюсер	[prodjuser]
roteirista (m)	муаллифи сенарий	[muallifi senarij]
crítico (m)	мунаққид	[munaqqid]

escritor (m)	нависанда	[navisanda]
poeta (m)	шоир	[ʃoir]
escultor (m)	ҳайкалтарош	[hajkaltaroʃ]
pintor (m)	рассом	[rassom]

malabarista (m)	жонглёр	[ʒongljor]
palhaço (m)	масхарабоз	[masχaraboz]
acrobata (m)	дорбоз, акробат	[dorboz], [akrobat]
ilusionista (m)	найрангбоз	[najrangboz]

92. Várias profissões

médico (m)	духтур	[duχtur]
enfermeira (f)	ҳамшираи тиббй	[hamʃirai tibbi:]
psiquiatra (m)	равонпизишк	[ravonpiziʃk]
dentista (m)	дандонпизишк	[dandonpiziʃk]
cirurgião (m)	ҷарроҳ	[dʒarroh]

85

astronauta (m)	кайхоннавард	[kajhonnavard]
astrônomo (m)	ситорашинос	[sitoraʃinos]
piloto (m)	лётчик	[ljottʃik]
motorista (m)	рононда	[ronanda]
maquinista (m)	мошинист	[moʃinist]
mecânico (m)	механик	[meχanik]
mineiro (m)	конкан	[konkan]
operário (m)	коргар	[korgar]
serralheiro (m)	челонгар	[tʃelongar]
marceneiro (m)	дуредгар, наччор	[duredgar], [naʤʤor]
torneiro (m)	харрот	[χarrot]
construtor (m)	бинокор	[binokor]
soldador (m)	кафшергар	[kafʃergar]
professor (m)	профессор	[professor]
arquiteto (m)	меъмор	[me'mor]
historiador (m)	таърихдон	[ta'riχdon]
cientista (m)	олим	[olim]
físico (m)	физик	[fizik]
químico (m)	химик	[χimik]
arqueólogo (m)	археолог	[arχeolog]
geólogo (m)	геолог	[geolog]
pesquisador (cientista)	тахкикотчй	[tahqikottʃi:]
babysitter, babá (f)	бачабардор	[batʃabardor]
professor (m)	муаллим	[muallim]
redator (m)	мухаррир	[muharrir]
redator-chefe (m)	сармухаррир	[sarmuharrir]
correspondente (m)	мухбир	[muχbir]
datilógrafa (f)	мошинистка	[moʃinistka]
designer (m)	дизайнгар, зебосоз	[dizajngar], [zebosoz]
especialista (m) em informática	устои компютер	[ustoi kompjuter]
programador (m)	барномасоз	[barnomasoz]
engenheiro (m)	инженер	[inʒener]
marujo (m)	бахрчй	[bahrtʃi:]
marinheiro (m)	бахрчй, маллох	[bahrtʃi:], [malloh]
socorrista (m)	начотдиханда	[naʤotdihanda]
bombeiro (m)	сухторхомушкун	[sœχtorχomœʃkun]
polícia (m)	полис	[polis]
guarda-noturno (m)	посбон	[posbon]
detetive (m)	чустучукунанда	[ʤustuʤœkunanda]
funcionário (m) da alfândega	гумрукчй	[gumruktʃi:]
guarda-costas (m)	мухофиз	[muhofiz]
guarda (m) prisional	назоратчии хабсхона	[nazorattʃi:i habsχona]
inspetor (m)	назоратчй	[nazorattʃi:]
esportista (m)	варзишгар	[varziʃgar]
treinador (m)	тренер	[trener]

açougueiro (m)	қассоб, гӯштфурӯш	[qassob], [gœʃfurœʃ]
sapateiro (m)	мӯзадӯз	[mœzadœz]
comerciante (m)	савдогар, тоҷир	[savdogar], [toʤir]
carregador (m)	борбардор	[borbardor]
estilista (m)	тарҳсоз	[tarhsoz]
modelo (f)	модел	[model]

93. Ocupações. Estatuto social

estudante (~ de escola)	мактабхон	[maktabχon]
estudante (~ universitária)	донишҷӯ	[doniʃʤœ]
filósofo (m)	файласуф	[fajlasuf]
economista (m)	иқтисодчӣ	[iqtisodtʃi:]
inventor (m)	ихтироъкор	[iχtiro'kor]
desempregado (m)	бекор	[bekor]
aposentado (m)	нафақахӯр	[nafaqaχœr]
espião (m)	ҷосус	[ʤosus]
preso, prisioneiro (m)	маҳбус	[mahbus]
grevista (m)	корпарто	[korparto]
burocrata (m)	бюрократ	[bjurokrat]
viajante (m)	сайёх	[sajjoχ]
homossexual (m)	гомосексуалист	[gomoseksualist]
hacker (m)	хакер	[χaker]
hippie (m, f)	хиппи	[χippi]
bandido (m)	роҳзан	[rohzan]
assassino (m)	қотили зарҳарид	[qotili zarχarid]
drogado (m)	нашъаманд	[naʃ'amand]
traficante (m)	нашъаҷаллоб	[naʃ'adʒallob]
prostituta (f)	фоҳиша	[fohiʃa]
cafetão (m)	занҷаллоб	[zandʒallob]
bruxo (m)	ҷодугар	[ʤodugar]
bruxa (f)	занаки ҷодугар	[zanaki ʤodugar]
pirata (m)	роҳзани баҳрӣ	[rohzani bahri:]
escravo (m)	ғулом	[ʁulom]
samurai (m)	самурай	[samuraj]
selvagem (m)	одами ваҳшӣ	[odami vahʃi:]

Educação

94. Escola

escola (f)	мактаб	[maktab]
diretor (m) de escola	директори мактаб	[direktori maktab]
aluno (m)	талаба	[talaba]
aluna (f)	толиба	[toliba]
estudante (m)	мактабхон	[maktabχon]
estudante (f)	духтари мактабхон	[duχtari maktabχon]
ensinar (vt)	меомӯзонад	[meomœzonad]
aprender (vt)	омӯхтан	[omœχtan]
decorar (vt)	аз ёд кардан	[az jod kardan]
estudar (vi)	омӯхтан	[omœχtan]
estar na escola	дар мактаб хондан	[dar maktab χondan]
ir à escola	ба мактаб рафтан	[ba maktab raftan]
alfabeto (m)	алифбо	[alifbo]
disciplina (f)	фан	[fan]
sala (f) de aula	синф, дарсхона	[sinf], [darsχona]
lição, aula (f)	дарс	[dars]
recreio (m)	танаффус	[tanaffus]
toque (m)	занг	[zang]
classe (f)	парта	[parta]
quadro (m) negro	тахтаи синф	[taχtai sinf]
nota (f)	баҳо	[baho]
boa nota (f)	баҳои хуб	[bahoi χub]
nota (f) baixa	баҳои бад	[bahoi bad]
dar uma nota	баҳо гузоштан	[baho guzoʃtan]
erro (m)	хато	[χato]
errar (vi)	хато кардан	[χato kardan]
corrigir (~ um erro)	ислоҳ кардан	[isloh kardan]
cola (f)	шпаргалка	[ʃpargalka]
dever (m) de casa	вазифаи хонагӣ	[vazifai χonagi:]
exercício (m)	машқ	[maʃq]
estar presente	иштирок доштан	[iʃtirok doʃtan]
estar ausente	набудан	[nabudan]
faltar às aulas	ба дарс нарафтан	[ba dars naraftan]
punir (vt)	ҷазо додан	[dʒazo dodan]
punição (f)	ҷазо	[dʒazo]
comportamento (m)	рафтор	[raftor]

boletim (m) escolar	рӯзнома	[rœznoma]
lápis (m)	қалам	[qalam]
borracha (f)	ластик	[lastik]
giz (m)	бӯр	[bœr]
porta-lápis (m)	қаламдон	[qalamdon]

mala, pasta, mochila (f)	чузвкаш	[dʒuzvkaʃ]
caneta (f)	ручка	[rutʃka]
caderno (m)	дафтар	[daftar]
livro (m) didático	китоби дарсӣ	[kitobi darsi:]
compasso (m)	паргор	[pargor]

| traçar (vt) | нақша кашидан | [naqʃa kaʃidan] |
| desenho (m) técnico | нақша, тарҳ | [naqʃa], [tarh] |

poesia (f)	шеър	[ʃe'r]
de cor	аз ёд	[az jod]
decorar (vt)	аз ёд кардан	[az jod kardan]

férias (f pl)	таътил	[ta'til]
estar de férias	дар таътил будан	[dar ta'til budan]
passar as férias	таътилро гузаронидан	[ta'tilro guzaronidan]

teste (m), prova (f)	кори санҷиш	[kori sandʒiʃi:]
redação (f)	иншо	[inʃo]
ditado (m)	диктант, имло	[diktant], [imlo]
exame (m), prova (f)	имтиҳон	[imtihon]
fazer prova	имтиҳон супоридан	[imtihon suporidan]
experiência (~ química)	таҷриба, санчиш	[tadʒriba], [sandʒiʃ]

95. Colégio. Universidade

academia (f)	академия	[akademija]
universidade (f)	университет	[universitet]
faculdade (f)	факулта	[fakulta]

estudante (m)	донишҷӯ	[doniʃdʒœ]
estudante (f)	донишҷӯ	[doniʃdʒœ]
professor (m)	устод	[ustod]

| auditório (m) | синф | [sinf] |
| graduado (m) | хатмкунанда | [χatmkunanda] |

| diploma (m) | диплом | [diplom] |
| tese (f) | рисола | [risola] |

| estudo (obra) | тадқиқот | [tadqiqot] |
| laboratório (m) | лаборатория | [laboratorija] |

| palestra (f) | лексия | [lekcija] |
| colega (m) de curso | ҳамкурс | [hamkurs] |

| bolsa (f) de estudos | стипендия | [stipendija] |
| grau (m) acadêmico | унвони илмӣ | [unvoni ilmi:] |

96. Ciências. Disciplinas

matemática (f)	математика	[matematika]
álgebra (f)	алгебра, алчабр	[algebra], [aldʒabr]
geometria (f)	геометрия	[geometrija]

astronomia (f)	ситорашиносӣ	[sitoraʃinosi:]
biologia (f)	биология, илми ҳаёт	[biologija], [ilmi hajɔt]
geografia (f)	география	[geografija]
geologia (f)	геология	[geologija]
história (f)	таърих	[ta'riχ]

medicina (f)	тиб	[tib]
pedagogia (f)	омӯзгорӣ	[omœzgori:]
direito (m)	ҳуқуқ	[huquq]

física (f)	физика	[fizika]
química (f)	химия	[χimija]
filosofia (f)	фалсафа	[falsafa]
psicologia (f)	равоншиносӣ	[ravonʃinosi:]

97. Sistema de escrita. Ortografia

gramática (f)	грамматика	[grammatika]
vocabulário (m)	лексика	[leksika]
fonética (f)	савтиёт	[savtijɔt]

substantivo (m)	исм	[ism]
adjetivo (m)	сифат	[sifat]
verbo (m)	феъл	[fe'l]
advérbio (m)	зарф	[zarf]

pronome (m)	ҷонишин	[dʒoniʃin]
interjeição (f)	нидо	[nido]
preposição (f)	пешоянд	[peʃojand]

raiz (f)	решаи калима	[reʃai kalima]
terminação (f)	бандак	[bandak]
prefixo (m)	префикс	[prefiks]
sílaba (f)	ҳиҷо	[hidʒo]
sufixo (m)	суффикс	[suffiks]

| acento (m) | зада | [zada] |
| apóstrofo (f) | апостроф | [apostrof] |

ponto (m)	нуқта	[nuqta]
vírgula (f)	вергул	[vergul]
ponto e vírgula (m)	нуқтаву вергул	[nuqtavu vergul]
dois pontos (m pl)	ду нуқта	[du nuqta]
reticências (f pl)	бисёрнуқта	[bisjɔrnuqta]

| ponto (m) de interrogação | аломати савол | [alomati savol] |
| ponto (m) de exclamação | аломати хитоб | [alomati χitob] |

aspas (f pl)	нохунак	[noχunak]
entre aspas	дар нохунак	[dar noχunak]
parênteses (m pl)	қавсҳо	[qavsho]
entre parênteses	дар қавс	[dar qavs]

hífen (m)	нимтире	[nimtire]
travessão (m)	тире	[tire]
espaço (m)	масофа	[masofa]

letra (f)	ҳарф	[harf]
letra (f) maiúscula	ҳарфи калон	[harfi kalon]

vogal (f)	садонок	[sadonok]
consoante (f)	овози ҳамсадо	[ovozi hamsado]

frase (f)	ҷумла	[dʒumla]
sujeito (m)	мубтадо	[mubtado]
predicado (m)	хабар	[χabar]

linha (f)	сатр, хат	[satr], [χat]
em uma nova linha	аз хати нав	[az χati nav]
parágrafo (m)	сарсатр	[sarsatr]

palavra (f)	калима	[kalima]
grupo (m) de palavras	ибора	[ibora]
expressão (f)	ибора	[ibora]
sinônimo (m)	муродиф	[murodif]
antônimo (m)	антоним	[antonim]

regra (f)	қоида	[qoida]
exceção (f)	истисно	[istisno]
correto (adj)	дуруст	[durust]

conjugação (f)	тасриф	[tasrif]
declinação (f)	тасриф	[tasrif]
caso (m)	ҳолат	[holat]
pergunta (f)	савол	[savol]
sublinhar (vt)	хат кашидан	[χat kaʃidan]
linha (f) pontilhada	қаторнуқта	[qatornuqta]

98. Línguas estrangeiras

língua (f)	забон	[zabon]
estrangeiro (adj)	хориҷӣ	[χoridʒi:]
língua (f) estrangeira	забони хориҷӣ	[zaboni χoridʒi:]
estudar (vt)	омӯхтан	[omœχtan]
aprender (vt)	омӯхтан	[omœχtan]

ler (vt)	хондан	[χondan]
falar (vi)	гап задан	[gap zadan]
entender (vt)	фаҳмидан	[fahmidan]
escrever (vt)	навиштан	[naviʃtan]
rapidamente	босуръат	[bosur'at]
devagar, lentamente	оҳиста	[ohista]

fluentemente	озодона	[ozodona]
regras (f pl)	қоидахо	[qoidaho]
gramática (f)	грамматика	[grammatika]
vocabulário (m)	лексика	[leksika]
fonética (f)	савтиёт	[savtijɔt]

livro (m) didático	китоби дарсӣ	[kitobi darsi:]
dicionário (m)	луғат	[luʁat]
manual (m) autodidático	худомӯз	[χudomœz]
guia (m) de conversação	сӯхбатнома	[sœhbatnoma]

fita (f) cassete	кассета	[kasseta]
videoteipe (m)	видеокассета	[videokasseta]
CD (m)	CD, диски компактӣ	[ɔɛ], [diski kompakti:]
DVD (m)	DVD-диск	[ɛøɛ-disk]

alfabeto (m)	алифбо	[alifbo]
soletrar (vt)	харфакӣ гап задан	[harfaki: gap zadan]
pronúncia (f)	талаффуз	[talaffuz]

sotaque (m)	зада, аксент	[zada], [aksent]
com sotaque	бо аксент	[bo aksent]
sem sotaque	бе аксент	[be aksent]

| palavra (f) | калима | [kalima] |
| sentido (m) | маънӣ, маъно | [ma'ni:], [ma'no] |

curso (m)	курсхо, дарсхо	[kursho], [darsho]
inscrever-se (vr)	дохил шудан	[doχil ʃudan]
professor (m)	муаллим	[muallim]

tradução (processo)	тарҷума	[tardʒuma]
tradução (texto)	тарҷума	[tardʒuma]
tradutor (m)	тарҷумон	[tardʒumon]
intérprete (m)	тарҷумон	[tardʒumon]

| poliglota (m) | забондон | [zabondon] |
| memória (f) | хофиза | [hofiza] |

Descanso. Entretenimento. Viagens

99. Viagens

turismo (m)	туризм, саёхат	[turizm], [sajɔχat]
turista (m)	саёхатчй	[sajɔhattʃi:]
viagem (f)	саёхат	[sajɔhat]
aventura (f)	саргузашт	[sarguzaʃt]
percurso (curta viagem)	сафар	[safar]

férias (f pl)	рухсатй	[ruχsati:]
estar de férias	дар рухсатй будан	[dar ruχsati: budan]
descanso (m)	истирохат	[istirohat]

trem (m)	поезд, қатор	[poezd], [qator]
de trem (chegar ~)	бо қатора	[bo qatora]
avião (m)	хавопаймо	[havopajmo]
de avião	бо хавопаймо	[bo havopajmo]
de carro	бо мошин	[bo moʃin]
de navio	бо киштй	[bo kiʃti:]

bagagem (f)	бағоч, бор	[baʁodʒ], [bor]
mala (f)	чомадон	[dʒomadon]
carrinho (m)	аробаи боғочкашй	[arobai boʁotʃkaʃi:]

passaporte (m)	шиносно́ма	[ʃinosnoma]
visto (m)	виза	[viza]
passagem (f)	билет	[bilet]
passagem (f) aérea	чиптаи хавопаймо	[tʃiptai havopajmo]

guia (m) de viagem	рохнома	[rohnoma]
mapa (m)	харита	[χarita]
área (f)	чой, махал	[dʒoj], [mahal]
lugar (m)	чой	[dʒoj]

exotismo (m)	ғароибот	[ʁaroibot]
exótico (adj)	... и ғароиб	[i ʁaroib]
surpreendente (adj)	хайратангез	[hajratangez]

grupo (m)	гурӯх	[gurœh]
excursão (f)	экскурсия, саёхат	[ɛkskursija], [sajɔhat]
guia (m)	рохбари экскурсия	[rohbari ɛkskursija]

100. Hotel

hotel (m)	мехмонхона	[mehmonχona]
motel (m)	мехмонхона	[mehmonχona]
três estrelas	се ситорадор	[se sitorador]

cinco estrelas	панҷ ситорадор	[pandʒ sitorador]
ficar (vi, vt)	фуромадан	[furomadan]

quarto (m)	ҳуҷра	[hudʒra]
quarto (m) individual	ҳуҷраи якнафара	[hudʒrai jaknafara]
quarto (m) duplo	ҳуҷраи дунафара	[hudʒrai dunafara]
reservar um quarto	банд кардани ҳуҷра	[band kardani hudʒra]

meia pensão (f)	бо нимтаъминот	[bo nimta'minot]
pensão (f) completa	бо таъминоти пурра	[bo ta'minoti purra]

com banheira	ваннадор	[vannador]
com chuveiro	душдор	[duʃdor]
televisão (m) por satélite	телевизиони спутникӣ	[televizioni sputniki:]
ar (m) condicionado	кондитсионер	[konditsioner]
toalha (f)	сачоқ	[satʃoq]
chave (f)	калид	[kalid]

administrador (m)	маъмур, мудир	[ma'mur], [mudir]
camareira (f)	пешхизмат	[peʃχizmat]
bagageiro (m)	ҳаммол	[hammol]
porteiro (m)	дарбони меҳмонхона	[darboni mehmonχona]

restaurante (m)	тарабхона	[tarabχona]
bar (m)	бар	[bar]
café (m) da manhã	ноништа	[noniʃta]
jantar (m)	шом	[ʃom]
bufê (m)	мизи шведӣ	[mizi ʃvedi:]

saguão (m)	миёнсарой	[mijɔnsaroj]
elevador (m)	лифт	[lift]

NÃO PERTURBE	ХАЛАЛ НАРАСОНЕД	[χalal narasoned]
PROIBIDO FUMAR!	ТАМОКУ НАКАШЕД!	[tamoku nakaʃed]

EQUIPAMENTO TÉCNICO. TRANSPORTES

Equipamento técnico. Transportes

101. Computador

computador (m)	компютер	[kompjuter]
computador (m) portátil	ноутбук	[noutbuk]
ligar (vt)	даргирондан	[dargirondan]
desligar (vt)	куштан	[kuʃtan]
teclado (m)	клавиатура	[klaviatura]
tecla (f)	тугмача	[tugmatʃa]
mouse (m)	муш	[muʃ]
tapete (m) para mouse	гилемчаи муш	[gilemtʃai muʃ]
botão (m)	тугмача	[tugmatʃa]
cursor (m)	курсор	[kursor]
monitor (m)	монитор	[monitor]
tela (f)	экран	[ɛkran]
disco (m) rígido	диски сахт	[diski saχt]
capacidade (f) do disco rígido	ҳачми диски сахт	[haʤmi diski saχt]
memória (f)	ҳофиза	[hofiza]
memória RAM (f)	хотираи фаврӣ	[χotirai favri:]
arquivo (m)	файл	[fajl]
pasta (f)	папка	[papka]
abrir (vt)	кушодан	[kuʃodan]
fechar (vt)	пӯшидан, бастан	[pœʃidan], [bastan]
salvar (vt)	нигоҳ доштан	[nigoh doʃtan]
deletar (vt)	нобуд кардан	[nobud kardan]
copiar (vt)	нусха бардоштан	[nusχa bardoʃtan]
ordenar (vt)	ба хелҳо чудо кардан	[ba χelho ʤudo kardan]
copiar (vt)	аз нав навиштан	[az nav naviʃtan]
programa (m)	барнома	[barnoma]
software (m)	барномаи таъминотӣ	[barnomai ta'minoti:]
programador (m)	барномасоз	[barnomasoz]
programar (vt)	барномасозӣ кардан	[barnomasozi: kardan]
hacker (m)	хакер	[χaker]
senha (f)	рамз	[ramz]
vírus (m)	вирус	[virus]
detectar (vt)	кашф кардан	[kaʃf kardan]
byte (m)	байт	[bajt]

megabyte (m)	мегабайт	[megabajt]
dados (m pl)	маълумот	[ma'lumot]
base (f) de dados	манбаи маълумот	[manbai ma'lumot]

cabo (m)	кабел	[kabel]
desconectar (vt)	чудо кардан	[dʒudo kardan]
conectar (vt)	васл кардан	[vasl kardan]

102. Internet. E-mail

internet (f)	интернет	[internet]
browser (m)	браузер	[brauzer]
motor (m) de busca	манбаи чустучӯкунанда	[manbai dʒustudʒœkunanda]
provedor (m)	провайдер	[provajder]

webmaster (m)	веб-мастер	[veb-master]
website (m)	веб-сомона	[veb-somona]
web page (f)	веб-сахифа	[veb-saḥifa]

endereço (m)	адрес, унвон	[adres], [unvon]
livro (m) de endereços	дафтари адресхо	[daftari adresho]

caixa (f) de correio	куттии почта	[qutti:i potʃta]
correio (m)	почта	[potʃta]
cheia (caixa de correio)	пур	[pur]

mensagem (f)	хабар	[χabar]
mensagens (f pl) recebidas	хабари дароянда	[χabari darojanda]
mensagens (f pl) enviadas	хабари бароянда	[χabari barojanda]

remetente (m)	ирсолкунанда	[irsolkunanda]
enviar (vt)	ирсол кардан	[irsol kardan]
envio (m)	ирсол	[irsol]

destinatário (m)	гиранда	[giranda]
receber (vt)	гирифтан	[giriftan]

correspondência (f)	мукотиба	[mukotiba]
corresponder-se (vr)	мукотиба доштан	[mukotiba doʃtan]

arquivo (m)	файл	[fajl]
fazer download, baixar (vt)	нусха бардоштан	[nusχa bardoʃtan]
criar (vt)	сохтан	[soχtan]
deletar (vt)	нобуд кардан	[nobud kardan]
deletado (adj)	нобудшуда	[nobudʃuda]

conexão (f)	алоқа	[aloqa]
velocidade (f)	суръат	[sur'at]
modem (m)	модем	[modem]
acesso (m)	даромадан	[daromadan]
porta (f)	порт	[port]

conexão (f)	пайвастан	[pajvastan]
conectar (vi)	пайваст шудан	[pajvast ʃudan]

| escolher (vt) | интихоб кардан | [intiχob kardan] |
| buscar (vt) | ҷустан | [dʒustan] |

103. Eletricidade

eletricidade (f)	барқ	[barq]
elétrico (adj)	барқӣ	[barqi:]
planta (f) elétrica	стансияи барқӣ	[stansijai barqi:]
energia (f)	қувва, қувват	[quvva], [quvvat]
energia (f) elétrica	қувваи электрикӣ	[kuvvai ɛlektriki:]

lâmpada (f)	лампача, чароғча	[lampatʃa], [tʃaroʁtʃa]
lanterna (f)	фонуси дастӣ	[fonusi dasti:]
poste (m) de iluminação	фонуси кӯчагӣ	[fonusi kœtʃagi:]

luz (f)	чароғ	[tʃaroʁ]
ligar (vt)	даргирондан	[dargirondan]
desligar (vt)	куштан	[kuʃtan]
apagar a luz	чароғро куштан	[tʃaroʁro kuʃtan]

queimar (vi)	сухтан	[suχtan]
curto-circuito (m)	расиши кӯтоҳ	[rasiʃi kœtoh]
ruptura (f)	канда шуданӣ	[kanda ʃudani:]
contato (m)	васл	[vasl]

interruptor (m)	калидак	[kalidak]
tomada (de parede)	розетка	[rozetka]
plugue (m)	вилка	[vilka]
extensão (f)	удлинител	[udlinitel]

fusível (m)	пешгирикунанда	[peʃgirikunanda]
fio, cabo (m)	сим	[sim]
instalação (f) elétrica	сими барқ	[simi barq]

ampère (m)	ампер	[amper]
amperagem (f)	қувваи барқ	[quvvai barq]
volt (m)	волт	[volt]
voltagem (f)	шиддат	[ʃiddat]

| aparelho (m) elétrico | асбоби барқӣ | [asbobi barqi:] |
| indicador (m) | индикатор | [indikator] |

eletricista (m)	барқчӣ	[barqtʃi:]
soldar (vt)	лаҳим кардан	[lahim kardan]
soldador (m)	лаҳимкаш	[lahimkaʃ]
corrente (f) elétrica	барқ	[barq]

104. Ferramentas

ferramenta (f)	абзор	[abzor]
ferramentas (f pl)	асбобу анҷом	[asbobu andʒom]
equipamento (m)	таҷҳизот	[tadʒhizot]

martelo (m)	болғача	[bolʁatʃa]
chave (f) de fenda	мурваттоб	[murvattob]
machado (m)	табар	[tabar]

serra (f)	арра	[arra]
serrar (vt)	арра кардан	[arra kardan]
plaina (f)	ранда	[randa]
aplainar (vt)	ранда кардан	[randa kardan]
soldador (m)	лаҳимкаш	[lahimkaʃ]
soldar (vt)	лаҳим кардан	[lahim kardan]

lima (f)	сӯҳон	[sœhon]
tenaz (f)	анбӯр	[anbœr]
alicate (m)	анбур	[anbur]
formão (m)	искана	[iskana]

broca (f)	парма	[parma]
furadeira (f) elétrica	парма	[parma]
furar (vt)	парма кардан	[parma kardan]

faca (f)	корд	[kord]
lâmina (f)	теғ, дам	[teʁ], [dam]

afiado (adj)	тез	[tez]
cego (adj)	кунд	[kund]
embotar-se (vr)	кунд шудан	[kund ʃudan]
afiar, amolar (vt)	тез кардан	[tez kardan]

parafuso (m)	болт	[bolt]
porca (f)	гайка	[gajka]
rosca (f)	рахапеч	[raxapetʃ]
parafuso (para madeira)	мехи печдор	[meχi petʃdor]

prego (m)	мех	[meχ]
cabeça (f) do prego	сари мех	[sari meχ]

régua (f)	чадвал	[dʒadval]
fita (f) métrica	чентаноб	[tʃentanob]
nível (m)	уровен	[uroven]
lupa (f)	лупа, пурбин	[lupa], [purbin]

medidor (m)	асбоби ченкунӣ	[asbobi tʃenkuni:]
medir (vt)	чен кардан	[tʃen kardan]
escala (f)	чадвал	[dʒadval]
indicação (f), registro (m)	нишондод	[niʃondod]

compressor (m)	компрессор	[kompressor]
microscópio (m)	микроскоп, заррабин	[mikroskop], [zarrabin]

bomba (f)	насос, обдуздак	[nasos], [obduzdak]
robô (m)	робот	[robot]
laser (m)	лазер	[lazer]

chave (f) de boca	калиди гайка	[kalidi gajka]
fita (f) adesiva	скоч	[skotʃ]
cola (f)	елим, шилм	[elim], [ʃilm]

lixa (f)	коғази сунбода	[koʁazi sunboda]
mola (f)	пружин	[pruʒin]
ímã (m)	магнит, оҳанрабо	[magnit], [ohanrabo]
luva (f)	дастпӯшак	[dastpœʃak]

corda (f)	арғамчин, таноб	[arʁamtʃin], [tanob]
cabo (~ de nylon, etc.)	ресмон	[resmon]
fio (m)	сим	[sim]
cabo (~ elétrico)	кабел	[kabel]

marreta (f)	босқон	[bosqon]
pé de cabra (m)	мисрон	[misron]
escada (f) de mão	зина, зинапоя	[zina], [zinapoja]
escada (m)	нардбонча	[nardbontʃa]

enroscar (vt)	тофтан, тоб додан	[toftan], [tob dodan]
desenroscar (vt)	тоб дода кушодан	[tob doda kuʃodan]
apertar (vt)	фишурдан	[fiʃurdan]
colar (vt)	часпонидан	[tʃasponidan]
cortar (vt)	буридан	[buridan]

falha (f)	нодурустӣ, носозӣ	[nodurusti:], [nosozi:]
conserto (m)	таъмир	[ta'mir]
consertar, reparar (vt)	таъмир кардан	[ta'mir kardan]
regular, ajustar (vt)	танзим кардан	[tanzim kardan]

verificar (vt)	тафтиш кардан	[taftiʃ kardan]
verificação (f)	тафтиш	[taftiʃ]
indicação (f), registro (m)	нишондод	[niʃondod]

| seguro (adj) | боэътимод | [boɛ'timod] |
| complicado (adj) | мураккаб | [murakkab] |

enferrujar (vi)	занг задан	[zang zadan]
enferrujado (adj)	зангзада	[zangzada]
ferrugem (f)	занг	[zang]

Transportes

105. Avião

avião (m)	ҳавопаймо	[havopajmo]
passagem (f) aérea	чиптаи ҳавопаймо	[ʧiptai havopajmo]
companhia (f) aérea	ширкати ҳавопаймой	[ʃirkati havopajmoi:]
aeroporto (m)	аэропорт	[aɛroport]
supersônico (adj)	фавқуссадо	[favqussado]
comandante (m) do avião	фармондеҳи киштӣ	[farmondehi kiʃti:]
tripulação (f)	экипаж	[ɛkipaʒ]
piloto (m)	сарнишин	[sarniʃin]
aeromoça (f)	стюардесса	[stjuardessa]
copiloto (m)	штурман	[ʃturman]
asas (f pl)	қанот	[qanot]
cauda (f)	дум	[dum]
cabine (f)	кабина	[kabina]
motor (m)	муҳаррик	[muharrik]
trem (m) de pouso	шассӣ	[ʃassi:]
turbina (f)	турбина	[turbina]
hélice (f)	пропеллер	[propeller]
caixa-preta (f)	қуттии сиёҳ	[qutti:i sijoh]
coluna (f) de controle	суккон	[sukkon]
combustível (m)	сӯзишворӣ	[sœziʃvori:]
instruções (f pl) de segurança	дастурамали бехатарӣ	[dasturamali beχatari:]
máscara (f) de oxigênio	ниқоби ҳавои тоза	[niqobi havoi toza]
uniforme (m)	либоси расмӣ	[libosi rasmi:]
colete (m) salva-vidas	камзӯли начотдиҳанда	[kamzœli naʤotdihanda]
paraquedas (m)	парашют	[paraʃjut]
decolagem (f)	парвоз	[parvoz]
descolar (vi)	парвоз кардан	[parvoz kardan]
pista (f) de decolagem	хати парвоз	[χati parvoz]
visibilidade (f)	софии ҳаво	[sofi:i havo]
voo (m)	парвоз	[parvoz]
altura (f)	баландӣ	[balandi:]
poço (m) de ar	чоҳи ҳаво	[ʧohi havo]
assento (m)	чой	[ʤoj]
fone (m) de ouvido	гӯшак, гӯшпӯшак	[gœʃak], [gœʃpœʃak]
mesa (f) retrátil	мизчаи вошаванда	[miztʃai voʃavanda]
janela (f)	иллюминатор	[illjuminator]
corredor (m)	гузаргоҳ	[guzargoh]

106. Comboio

trem (m)	поезд, қатор	[poezd], [qator]
trem (m) elétrico	қатораи барқӣ	[qatorai barqi:]
trem (m)	қатораи тезгард	[qatorai tezgard]
locomotiva (f) diesel	тепловоз	[teplovoz]
locomotiva (f) a vapor	паровоз	[parovoz]
vagão (f) de passageiros	вагон	[vagon]
vagão-restaurante (m)	вагон-ресторан	[vagon-restoran]
carris (m pl)	релсхо	[relsho]
estrada (f) de ferro	роҳи оҳан	[rohi ohan]
travessa (f)	шпала	[ʃpala]
plataforma (f)	платформа	[platforma]
linha (f)	роҳ	[roh]
semáforo (m)	семафор	[semafor]
estação (f)	истгоҳ	[istgoh]
maquinista (m)	мошинист	[moʃinist]
bagageiro (m)	ҳаммол	[hammol]
hospedeiro, -a (m, f)	роҳбалад	[rohbalad]
passageiro (m)	мусофир	[musofir]
revisor (m)	нозир	[nozir]
corredor (m)	коридор	[koridor]
freio (m) de emergência	стоп-кран	[stop-kran]
compartimento (m)	купе	[kupe]
cama (f)	кат	[kat]
cama (f) de cima	кати боло	[kati bolo]
cama (f) de baixo	кати поён	[kati pojɔn]
roupa (f) de cama	чилдҳои болишту бистар	[dʒildhoi boliʃtu bistar]
passagem (f)	билет	[bilet]
horário (m)	чадвал	[dʒadval]
painel (m) de informação	чадвал	[dʒadval]
partir (vt)	дур шудан	[dur ʃudan]
partida (f)	равон кардан	[ravon kardan]
chegar (vi)	омадан	[omadan]
chegada (f)	омадан	[omadan]
chegar de trem	бо қатора омадан	[bo qatora omadan]
pegar o trem	ба қатора нишастан	[ba qatora niʃastan]
descer de trem	фаромадан	[faromadan]
acidente (m) ferroviário	садама	[sadama]
descarrilar (vi)	аз релс баромадан	[az rels baromadan]
locomotiva (f) a vapor	паровоз	[parovoz]
foguista (m)	алавмон	[alavmon]
fornalha (f)	оташдон	[otaʃdon]
carvão (m)	ангишт	[angiʃt]

107. Barco

| navio (m) | киштй | [kiʃti:] |
| embarcação (f) | киштй | [kiʃti:] |

barco (m) a vapor	пароход	[paroχod]
barco (m) fluvial	теплоход	[teploχod]
transatlântico (m)	лайнер	[lajner]
cruzeiro (m)	крейсер	[krejser]

iate (m)	яхта	[jaχta]
rebocador (m)	таноби ядак	[tanobi jadak]
barcaça (f)	баржа	[barʒa]
ferry (m)	паром	[parom]

| veleiro (m) | киштии бодбондор | [kiʃti:i bodbondor] |
| bergantim (m) | бригантина | [brigantina] |

| quebra-gelo (m) | киштии яхшикан | [kiʃti:i jaχʃikan] |
| submarino (m) | киштии зериобй | [kiʃti:i zeriobi:] |

bote, barco (m)	қаиқ	[qaiq]
baleeira (bote salva-vidas)	қаиқ	[qaiq]
bote (m) salva-vidas	заврақи начот	[zavraqi nadʒot]
lancha (f)	катер	[kater]

capitão (m)	капитан	[kapitan]
marinheiro (m)	баҳрчй, маллоҳ	[bahrtʃi:], [malloh]
marujo (m)	баҳрчй	[bahrtʃi:]
tripulação (f)	экипаж	[ɛkipaʒ]

contramestre (m)	ботсман	[botsman]
grumete (m)	маллоҳбача	[mallohbatʃa]
cozinheiro (m) de bordo	кок, ошпази киштй	[kok], [oʃpazi kiʃti:]
médico (m) de bordo	духтури киштй	[duχturi kiʃti:]

convés (m)	саҳни киштй	[sahni kiʃti:]
mastro (m)	сутуни киштй	[sutuni kiʃti:]
vela (f)	бодбон	[bodbon]

porão (m)	таҳхонаи киштй	[tahχonai kiʃti:]
proa (f)	сари кишти	[sari kiʃti]
popa (f)	думи киштй	[dumi kiʃti:]
remo (m)	бели заврақ	[beli zavraq]
hélice (f)	винт	[vint]

cabine (m)	каюта	[kajuta]
sala (f) dos oficiais	кают-компания	[kajut-kompanija]
sala (f) das máquinas	шӯъбаи мошинхо	[ʃœ'bai moʃinho]
ponte (m) de comando	арша	[arʃa]
sala (f) de comunicações	радиохона	[radioχona]
onda (f)	мавч	[mavdʒ]
diário (m) de bordo	журнали киштй	[ʒurnali kiʃti:]
luneta (f)	дурбин	[durbin]
sino (m)	ноқус, зангӯла	[noqus], [zangœla]

bandeira (f)	байрак	[bajrak]
cabo (m)	арғамчини ғафс	[arʁamtʃini ʁafs]
nó (m)	гиреҳ	[gireh]

corrimão (m)	даста барои қапидан	[dasta baroi qapidan]
prancha (f) de embarque	зинапоя	[zinapoja]

âncora (f)	лангар	[langar]
recolher a âncora	лангар бардоштан	[langar bardoʃtan]
jogar a âncora	лангар андохтан	[langar andoχtan]
amarra (corrente de âncora)	занҷири лангар	[zandʒiri langar]

porto (m)	бандар	[bandar]
cais, amarradouro (m)	ҷои киштибандӣ	[dʒoi kiʃtibandi:]
atracar (vi)	ба соҳил овардан	[ba sohil ovardan]
desatracar (vi)	ҳаракат кардан	[harakat kardan]

viagem (f)	саёҳат	[sajɔhat]
cruzeiro (m)	круиз	[kruiz]
rumo (m)	самт	[samt]
itinerário (m)	маршрут	[marʃrut]

canal (m) de navegação	маъбар	[ma'bar]
banco (m) de areia	тунукоба	[tunukoba]
encalhar (vt)	ба тунукоба шиштан	[ba tunukoba ʃiʃtan]

tempestade (f)	тӯфон, бӯрои	[tœfon], [bœroi]
sinal (m)	бонг, ишорат	[bong], [iʃorat]
afundar-se (vr)	ғарк шудан	[ʁark ʃudan]
Homem ao mar!	Одам дар об!	[odam dar ob]
SOS	SOS	[sos]
boia (f) salva-vidas	чамбари наҷот	[tʃambari nadʒot]

108. Aeroporto

aeroporto (m)	аэропорт	[aɛroport]
avião (m)	ҳавопаймо	[havopajmo]
companhia (f) aérea	ширкати ҳавопаймой	[ʃirkati havopajmoi:]
controlador (m) de tráfego aéreo	диспечер	[dispetʃer]

partida (f)	парвоз	[parvoz]
chegada (f)	парида омадан	[parida omadan]
chegar (vi)	парида омадан	[parida omadan]

hora (f) de partida	вақти паридан	[vaqti paridan]
hora (f) de chegada	вақти шиштан	[vaqti ʃiʃtan]

estar atrasado	боздоштан	[bozdoʃtan]
atraso (m) de voo	боздоштани парвоз	[bozdoʃtani parvoz]

painel (m) de informação	тахтаи ахборот	[taχtai aχborot]
informação (f)	ахборот	[aχborot]
anunciar (vt)	эълон кардан	[ɛ'lon kardan]

voo (m)	сафар, рейс	[safar], [rejs]
alfândega (f)	гумрукхона	[gumrukχona]
funcionário (m) da alfândega	гумрукчӣ	[gumruktʃi:]
declaração (f) alfandegária	декларатсияи гумрукӣ	[deklaratsijai gumruki:]
preencher (vt)	пур кардан	[pur kardan]
preencher a declaração	пур кардани декларатсия	[pur kardani deklaratsija]
controle (m) de passaporte	назорати шинос女нома	[nazorati ʃinosnoma]
bagagem (f)	бағоч, бор	[baʁodʒ], [bor]
bagagem (f) de mão	бори дастӣ	[bori dasti:]
carrinho (m)	аробаи боғочкашӣ	[arobai boʁotʃkaʃi:]
pouso (m)	фуруд	[furud]
pista (f) de pouso	хати нишаст	[χati niʃast]
aterrissar (vi)	нишастан	[niʃastan]
escada (f) de avião	зинапояи киштӣ	[zinapojai kiʃti:]
check-in (m)	бақайдгирӣ	[baqajdgiri:]
balcão (m) do check-in	қатори бақайдгирӣ	[qatori baqajdgiri:]
fazer o check-in	қайд кунондан	[qajd kunondan]
cartão (m) de embarque	талони саворшавӣ	[taloni savorʃavi:]
portão (m) de embarque	баромадан	[baromadan]
trânsito (m)	транзит	[tranzit]
esperar (vi, vt)	поидан	[poidan]
sala (f) de espera	толори интизорӣ	[tolori intizori:]
despedir-se (acompanhar)	гусел кардан	[gusel kardan]
despedir-se (dizer adeus)	падруд гуфтан	[padrud guftan]

Eventos

109. Férias. Evento

festa (f)	ид, чашн	[id], [ʤaʃn]
feriado (m) nacional	иди миллй	[idi milli:]
feriado (m)	рӯзи ид	[rœzi id]
festejar (vt)	ид кардан	[id kardan]

evento (festa, etc.)	воқеа, ҳодиса	[voqea], [hodisa]
evento (banquete, etc.)	чорабинй	[ʧorabini:]
banquete (m)	зиёфати бошукӯҳ	[zijɔfati boʃukœh]
recepção (f)	қабул, зиёфат	[qabul], [zijɔfat]
festim (m)	базм	[bazm]

aniversário (m)	солгард, солагй	[solgard], [solagi:]
jubileu (m)	чашн	[ʤaʃn]
celebrar (vt)	чашн гирифтан	[ʤaʃn giriftan]

Ano (m) Novo	Соли Нав	[soli nav]
Feliz Ano Novo!	Соли нав муборак!	[soli nav muborak]
Papai Noel (m)	Бобои барфй	[boboi barfi:]

Natal (m)	Мавлуди Исо	[mavludi iso]
Feliz Natal!	Иди мавлуд муборак!	[idi mavlud muborak]
árvore (f) de Natal	арчаи солинавй	[arʧai solinavi:]
fogos (m pl) de artifício	салют	[saljut]

casamento (m)	тӯй, тӯйи арӯсй	[tœj], [tœji arœsi:]
noivo (m)	домод, домодшаванда	[domod], [domodʃavanda]
noiva (f)	арӯс	[arœs]

convidar (vt)	даъват кардан	[da'vat kardan]
convite (m)	даъватнома	[da'vatnoma]

convidado (m)	меҳмон	[mehmon]
visitar (vt)	ба меҳмонй рафтан	[ba mehmoni: raftan]
receber os convidados	қабули меҳмонхо	[qabuli mehmonho]

presente (m)	тӯҳфа	[tœhfa]
oferecer, dar (vt)	бахшидан	[baxʃidan]
receber presentes	туҳфа гирифтан	[tuhfa giriftan]
buquê (m) de flores	дастаи гул	[dastai gul]

felicitações (f pl)	муборакбод	[muborakbod]
felicitar (vt)	муборакбод гуфтан	[muborakbod guftan]

cartão (m) de parabéns	аткоиткаи табрикй	[atkritkai tabriki:]
enviar um cartão postal	фиристодани аткритка	[firistodani atkritka]
receber um cartão postal	аткритка гирифтан	[atkritka giriftan]

brinde (m)	нӯшбод	[nœʃbod]
oferecer (vt)	зиёфат кардан	[zijɔfat kardan]
champanhe (m)	шампан	[ʃampan]
divertir-se (vr)	хурсандӣ кардан	[xursandi: kardan]
diversão (f)	шодӣ, хурсандӣ	[ʃodi:], [xursandi:]
alegria (f)	шодӣ	[ʃodi:]
dança (f)	ракс	[raks]
dançar (vi)	рақсидан	[raqsidan]
valsa (f)	валс	[vals]
tango (m)	танго	[tango]

110. Funerais. Enterro

cemitério (m)	гӯристон, қабристон	[gœriston], [qabriston]
sepultura (f), túmulo (m)	гӯр, кабр	[gœr], [kabr]
cruz (f)	салиб	[salib]
lápide (f)	санги қабр	[sangi qabr]
cerca (f)	панҷара	[pandʒara]
capela (f)	калисои хурд	[kalisoi xurd]
morte (f)	марг	[marg]
morrer (vi)	мурдан	[murdan]
defunto (m)	раҳматӣ	[rahmati:]
luto (m)	мотам	[motam]
enterrar, sepultar (vt)	гӯр кардан	[gœr kardan]
funerária (f)	бюрои дафнкунӣ	[bjuroi dafnkuni:]
funeral (m)	дафн, ҷаноза	[dafn], [dʒanoza]
coroa (f) de flores	гулчанбар	[gultʃanbar]
caixão (m)	тобут	[tobut]
carro (m) funerário	аробаи тобуткашӣ	[arobai tobutkaʃj]
mortalha (f)	кафан	[kafan]
procissão (f) funerária	чараёни дафнкунӣ	[dʒarajɔni dafnkuni:]
urna (f) funerária	зарфи хокистари мурдаи сӯзондашуда	[zarfi xokistari murdai sœzondaʃuda]
crematório (m)	хонаи мурдасӯзӣ	[xonai murdasœzi:]
obituário (m), necrologia (f)	таъзиянома	[ta'zijanoma]
chorar (vi)	гиря кардан	[girja kardan]
soluçar (vi)	нолидан	[nolidan]

111. Guerra. Soldados

pelotão (m)	взвод	[vzvod]
companhia (f)	рота	[rota]
regimento (m)	полк	[polk]
exército (m)	армия, қӯшун	[armija], [qœʃun]

divisão (f)	дивизия	[divizija]
esquadrão (m)	даста	[dasta]
hoste (f)	қӯшун	[qœʃun]
soldado (m)	аскар	[askar]
oficial (m)	афсар	[afsar]
soldado (m) raso	аскари қаторӣ	[askari qatori:]
sargento (m)	сержант	[serʒant]
tenente (m)	лейтенант	[lejtenant]
capitão (m)	капитан	[kapitan]
major (m)	майор	[majɔr]
coronel (m)	полковник	[polkovnik]
general (m)	генерал	[general]
marujo (m)	баҳрчӣ	[bahrʧi:]
capitão (m)	капитан	[kapitan]
contramestre (m)	ботсман	[botsman]
artilheiro (m)	артиллерися	[artillerisja]
soldado (m) paraquedista	десантчӣ	[desantʧi:]
piloto (m)	лётчик	[ljɔtʧik]
navegador (m)	штурман	[ʃturman]
mecânico (m)	механик	[meχanik]
sapador-mineiro (m)	сапёр	[sapjɔr]
paraquedista (m)	парашютчӣ	[paraʃjutʧi:]
explorador (m)	разведкачӣ	[razvedkaʧi:]
atirador (m) de tocaia	мерган	[mergan]
patrulha (f)	посбон	[posbon]
patrulhar (vt)	посбонӣ кардан	[posboni: kardan]
sentinela (f)	посбон	[posbon]
guerreiro (m)	чанговар, аскар	[ʤangovar], [askar]
patriota (m)	ватандӯст	[vatandœst]
herói (m)	қаҳрамон	[qahramon]
heroína (f)	қаҳрамонзан	[qahramonzan]
traidor (m)	хоин, хиёнаткор	[χoin], [χijɔnatkor]
trair (vt)	хиёнат кардан	[χijɔnat kardan]
desertor (m)	гуреза, фирорӣ	[gureza], [firori:]
desertar (vt)	фирор кардан	[firor kardan]
mercenário (m)	зархарид	[zarχarid]
recruta (m)	аскари нав	[askari nav]
voluntário (m)	довталаб	[dovtalab]
morto (m)	кушташуда	[kuʃtaʃuda]
ferido (m)	захмдор	[zaχmdor]
prisioneiro (m) de guerra	асир	[asir]

112. Guerra. Ações militares. Parte 1

guerra (f)	чанг	[dʒang]
guerrear (vt)	чангидан	[dʒangidan]
guerra (f) civil	чанги гражданй	[dʒangi graʒdani:]
perfidamente	ахдшиканона	[ahdʃikanona]
declaração (f) de guerra	эълони чанг	[ɛ'loni dʒang]
declarar guerra	эълон кардан	[ɛ'lon kardan]
agressão (f)	тачовуз, агрессия	[tadʒovuz], [agressija]
atacar (vt)	хучум кардан	[hudʒum kardan]
invadir (vt)	забт кардан	[zabt kardan]
invasor (m)	забткунанда	[zabtkunanda]
conquistador (m)	забткунанда	[zabtkunanda]
defesa (f)	мудофиа	[mudofia]
defender (vt)	мудофиа кардан	[mudofia kardan]
defender-se (vr)	худро мудофиа кардан	[χudro mudofia kardan]
inimigo (m)	душман	[duʃman]
adversário (m)	рақиб	[raqib]
inimigo (adj)	... и душман	[i duʃman]
estratégia (f)	стратегия	[strategija]
tática (f)	тактика	[taktika]
ordem (f)	фармон	[farmon]
comando (m)	фармон	[farmon]
ordenar (vt)	фармон додан	[farmon dodan]
missão (f)	супориш	[suporiʃ]
secreto (adj)	пинхонй	[pinhoni:]
batalha (f)	чанг	[dʒang]
combate (m)	мухориба	[muhoriba]
ataque (m)	хамла	[hamla]
assalto (m)	хучум	[hudʒum]
assaltar (vt)	хучуми қатъй кардан	[hudʒumi qat'i: kardan]
assédio, sítio (m)	мухосира	[muhosira]
ofensiva (f)	хучум	[hudʒum]
tomar à ofensiva	хучум кардан	[hudʒum kardan]
retirada (f)	ақибнишинй	[aqibniʃini:]
retirar-se (vr)	ақиб гаштан	[aqib gaʃtan]
cerco (m)	мухосира, ихота	[muhosira], [ihota]
cercar (vt)	мухосира кардан	[muhosira kardan]
bombardeio (m)	бомбаандозй	[bombaandozi:]
lançar uma bomba	бомба партофтан	[bomba partoftan]
bombardear (vt)	бомбаборон кардан	[bombaboron kardan]
explosão (f)	таркиш, таркидан	[tarkiʃ], [tarkidan]
tiro (m)	тир, тирпарронй	[tir], [tirparroni:]

| dar um tiro | тир паррондан | [tir parrondan] |
| tiroteio (m) | тирпарронй | [tirparroni:] |

apontar para …	нишон гирифтан	[niʃon giriftan]
apontar (vt)	рост кардан	[rost kardan]
acertar (vt)	задан	[zadan]

afundar (~ um navio, etc.)	ғарқ кардан	[ʁarq kardan]
brecha (f)	сӯрох	[sœroχ]
afundar-se (vr)	ғарқ шудан	[ʁarq ʃudan]

frente (m)	фронт, чабха	[front], [dʒabχa]
evacuação (f)	тахлия	[taχlija]
evacuar (vt)	тахлия кардан	[taχlija kardan]

trincheira (f)	хандақ	[χandaq]
arame (m) enfarpado	симхор	[simχor]
barreira (f) anti-tanque	садд	[sadd]
torre (f) de vigia	бурчи дидбонй	[burʧi didboni:]

hospital (m) militar	беморхонаи ҳарбй	[bemorχonai harbi:]
ferir (vt)	захмдор кардан	[zaχmdor kardan]
ferida (f)	захм, реш	[zaχm], [reʃ]
ferido (m)	захмдор	[zaχmdor]
ficar ferido	захм бардоштан	[zaχm bardoʃtan]
grave (ferida ~)	вазнин	[vaznin]

113. Guerra. Ações militares. Parte 2

cativeiro (m)	асирй	[asiri:]
capturar (vt)	асир гирифтан	[asir giriftan]
estar em cativeiro	дар асирй будан	[dar asiri: budan]
ser aprisionado	асир афтидан	[asir aftidan]

campo (m) de concentração	лагери консентратсионй	[lageri konsentratsioni:]
prisioneiro (m) de guerra	асир	[asir]
escapar (vi)	гурехтан	[gureχtan]

trair (vt)	хиёнат кардан	[χijɔnat kardan]
traidor (m)	хоин, хиёнаткор	[χoin], [χijɔnatkor]
traição (f)	хиёнат, хоинй	[χijɔnat], [χoini:]

| fuzilar, executar (vt) | тирборон кардан | [tirboron kardan] |
| fuzilamento (m) | тирборон | [tirboron] |

equipamento (m)	либоси ҳарбй	[libosi harbi:]
insígnia (f) de ombro	пагон	[pagon]
máscara (f) de gás	ниқоби зидди газ	[niqobi ziddi gaz]

rádio (m)	ратсия	[ratsija]
cifra (f), código (m)	рамз	[ramz]
conspiração (f)	пинҳонкунй	[pinhonkuni:]
senha (f)	рамз	[ramz]
mina (f)	мина	[mina]

minar (vt)	мина гузоштан	[mina guzoʃtan]
campo (m) minado	майдони минадор	[majdoni minador]
alarme (m) aéreo	бонги хатари ҳавой	[bongi χatari havoi:]
alarme (m)	бонги хатар	[bongi χatar]
sinal (m)	бонг, ишорат	[bong], [iʃorat]
sinalizador (m)	ракетаи хабардиҳанда	[raketai χabardihanda]
quartel-general (m)	штаб	[ʃtab]
reconhecimento (m)	разведкачиён	[razvedkatʃijɔn]
situação (f)	вазъият	[vaz'ijat]
relatório (m)	гузориш, рапорт	[guzoriʃ], [raport]
emboscada (f)	камин	[kamin]
reforço (m)	мадади ҳарбй	[madadi harbi:]
alvo (m)	ҳадаф, нишон	[hadaf], [niʃon]
campo (m) de tiro	майдони тирандозй	[majdoni tirandozi:]
manobras (f pl)	манёвр	[manjɔvr]
pânico (m)	воҳима	[vohima]
devastação (f)	ҳародй	[χarodi:]
ruínas (f pl)	харобазор	[χarobazor]
destruir (vt)	харод кардан	[χarod kardan]
sobreviver (vi)	зинда мондан	[zinda mondan]
desarmar (vt)	беярок кардан	[bejarok kardan]
manusear (vt)	кор фармудан	[kor farmudan]
Sentido!	Ором!	[orom]
Descansar!	Озод!	[ozod]
façanha (f)	корнома	[kornoma]
juramento (m)	қасам	[qasam]
jurar (vi)	қасам хурдан	[qasam χurdan]
condecoração (f)	мукофот	[mukofot]
condecorar (vt)	мукофот додан	[mukofot dodan]
medalha (f)	медал	[medal]
ordem (f)	орден, нишон	[orden], [niʃon]
vitória (f)	ғалаба	[ʁalaba]
derrota (f)	шикаст хӯрдан	[ʃikast χœrdan]
armistício (m)	сулҳи муваққати	[sulhi muvakqati]
bandeira (f)	байрақ	[bajraq]
glória (f)	шараф, шӯҳрат	[ʃaraf], [ʃœhrat]
parada (f)	расмигузашт	[rasmiguzaʃt]
marchar (vi)	қадамзании низомй	[qadamzani:i nizomi:]

114. Armas

arma (f)	ярок, силоҳ	[jaroq], [siloh]
arma (f) de fogo	аслиҳаи оташфишон	[aslihai otaʃfiʃon]
arma (f) branca	яроки беоташ	[jaroqi beotaʃ]

arma (f) química	силоҳи химиявӣ	[silohi χimijavi:]
nuclear (adj)	... и ядро, ядрой	[i jadro], [jadroi:]
arma (f) nuclear	аслиҳаи ядрой	[aslihai jadroi:]

bomba (f)	бомба	[bomba]
bomba (f) atômica	бомбаи атомӣ	[bombai atomi:]

pistola (f)	тапонча	[tapontʃa]
rifle (m)	милтиқ	[miltiq]
semi-automática (f)	автомат	[avtomat]
metralhadora (f)	пулемёт	[pulemjɔt]

boca (f)	даҳони мил	[dahoni mil]
cano (m)	мил	[mil]
calibre (m)	калибр	[kalibr]

gatilho (m)	куланги силоҳи оташфишон	[kulangi silohi otaʃfiʃon]
mira (f)	нишон	[niʃon]
carregador (m)	тирдон	[tirdon]
coronha (f)	қундоқ	[qundoq]

granada (f) de mão	гранатаи дастӣ	[granatai dasti:]
explosivo (m)	моддаи тарканда	[moddai tarkanda]

bala (f)	тир	[tir]
cartucho (m)	тир	[tir]
carga (f)	заряд	[zarjad]
munições (f pl)	лавозимоти чангӣ	[lavozimoti dʒangi:]

bombardeiro (m)	самолёти бомбаандоз	[samoljɔti bombaandoz]
avião (m) de caça	қиркунанда	[qirkunanda]
helicóptero (m)	вертолёт	[vertoljɔt]

canhão (m) antiaéreo	тӯпи зенитӣ	[tœpi zeniti:]
tanque (m)	танк	[tank]
canhão (de um tanque)	тӯп	[tœp]

artilharia (f)	артиллерия	[artillerija]
canhão (m)	тӯп	[tœp]
fazer a pontaria	рост кардан	[rost kardan]

projétil (m)	тир, тири тӯп	[tir], [tiri tœp]
granada (f) de morteiro	минаи миномёт	[minai minomjɔt]
morteiro (m)	миномёт	[minomjɔt]
estilhaço (m)	тикка	[tikka]

submarino (m)	киштии зериобӣ	[kiʃti:i zeriobi:]
torpedo (m)	торпеда	[torpeda]
míssil (m)	ракета	[raketa]

carregar (uma arma)	тир пур кардан	[tir pur kardan]
disparar, atirar (vi)	тир задан	[tir zadan]
apontar para ...	нишон гирифтан	[niʃon giriftan]
baioneta (f)	найза	[najza]
espada (f)	шамшер	[ʃamʃer]

sabre (m)	шамшер, шоф	[ʃamʃer], [ʃof]
lança (f)	найза	[najza]
arco (m)	камон	[kamon]
flecha (f)	тир	[tir]
mosquete (m)	туфанг	[tufang]
besta (f)	камон, камонғулак	[kamon], [kamonʁœlak]

115. Povos da antiguidade

primitivo (adj)	ибтидой	[ibtidoi:]
pré-histórico (adj)	пеш аз таърих	[peʃ az ta'riχ]
antigo (adj)	қадим	[qadim]
Idade (f) da Pedra	Асри сангин	[asri sangin]
Idade (f) do Bronze	Давраи биринчӣ	[davrai birinʤi:]
Era (f) do Gelo	Давраи яхбандӣ	[davrai jaχbandi:]
tribo (f)	қабила	[qabila]
canibal (m)	одамхӯр	[odamχœr]
caçador (m)	шикорчӣ	[ʃikorʧi:]
caçar (vi)	шикор кардан	[ʃikor kardan]
mamute (m)	мамонт	[mamont]
caverna (f)	ғор	[ʁor]
fogo (m)	оташ	[otaʃ]
fogueira (f)	гулхан	[gulχan]
pintura (f) rupestre	нақшхои рӯйи санг	[naqʃhoi rœji sang]
ferramenta (f)	олати меҳнат	[olati mehnat]
lança (f)	найза	[najza]
machado (m) de pedra	табари сангин	[tabari sangin]
guerrear (vt)	чангидан	[ʤangidan]
domesticar (vt)	дастомӯз кардан	[dastomœz kardan]
ídolo (m)	бут, санам	[but], [sanam]
adorar, venerar (vt)	парастидан	[parastidan]
superstição (f)	хурофот	[χurofot]
ritual (m)	расм, маросим	[rasm], [marosim]
evolução (f)	таҳаввул	[tahavvul]
desenvolvimento (m)	пешравӣ	[peʃravi:]
extinção (f)	нест шудан	[nest ʃudan]
adaptar-se (vr)	мувофиқат кардан	[muvofiqat kardan]
arqueologia (f)	археология	[arχeologija]
arqueólogo (m)	археолог	[arχeolog]
arqueológico (adj)	археологӣ	[arχeologi:]
escavação (sítio)	ҳафриёт	[hafrijɔt]
escavações (f pl)	ҳафриёт	[hafrijɔt]
achado (m)	бозёфт	[bozjɔft]
fragmento (m)	порча	[porʧa]

116. Idade média

povo (m)	халқ	[χalq]
povos (m pl)	халқхо	[χalqho]
tribo (f)	қабила	[qabila]
tribos (f pl)	қабилаҳо	[qabilaho]

bárbaros (pl)	барбарҳо	[barbarho]
galeses (pl)	галлхо	[gallho]
godos (pl)	готхо	[gotho]
eslavos (pl)	сақлоб	[saqlob]
viquingues (pl)	викингхо	[vikingho]

| romanos (pl) | румиҳо | [rumiho] |
| romano (adj) | ... и Рим, римӣ | [i rim], [rimi:] |

bizantinos (pl)	византиягихо	[vizantijagiho]
Bizâncio	Византия	[vizantija]
bizantino (adj)	византиягӣ	[vizantijagi:]

imperador (m)	император	[imperator]
líder (m)	пешво, роҳбар	[peʃvo], [rohbar]
poderoso (adj)	тавоно	[tavono]
rei (m)	шоҳ	[ʃoh]
governante (m)	ҳукмдор	[hukmdor]

cavaleiro (m)	баҳодур	[bahodur]
senhor feudal (m)	феодал	[feodal]
feudal (adj)	феодалӣ	[feodali:]
vassalo (m)	вассал	[vassal]

duque (m)	гертсог	[gertsog]
conde (m)	граф	[graf]
barão (m)	барон	[baron]
bispo (m)	епископ	[episkop]

armadura (f)	либосу аслиҳаи чангӣ	[libosu aslihai ʧangi:]
escudo (m)	сипар	[sipar]
espada (f)	шамшер	[ʃamʃer]
viseira (f)	рӯйпӯши тоскулоҳ	[rœjpœʃi toskuloh]
cota (f) de malha	зиреҳ	[zireh]

| cruzada (f) | юриши салибдорон | [juriʃi salibdoron] |
| cruzado (m) | салибдор | [salibdor] |

território (m)	хок	[χok]
atacar (vt)	ҳучум кардан	[huʤum kardan]
conquistar (vt)	забт кардан	[zabt kardan]
ocupar, invadir (vt)	ғасб кардан	[ʁasb kardan]

assédio, sítio (m)	муҳосира	[muhosira]
sitiado (adj)	муҳосирашуда	[muhosiraʃuda]
assediar, sitiar (vt)	муҳосира кардан	[muhosira kardan]
inquisição (f)	инквизитсия	[inkvizitsija]
inquisidor (m)	инквизитор	[inkvizitor]

tortura (f)	шиканча	[ʃikandʒa]
cruel (adj)	бераҳм	[berahm]
herege (m)	бидъаткор	[bid'atkor]
heresia (f)	бидъат	[bid'at]

navegação (f) marítima	баҳрнавардй	[bahrnavardi:]
pirata (m)	роҳзани баҳрй	[rohzani bahri:]
pirataria (f)	роҳзании баҳрй	[rohzani:i bahri:]
abordagem (f)	абордаж	[abordaʒ]
presa (f), butim (m)	сайд, ғанимат	[sajd], [ʁanimat]
tesouros (m pl)	ганч	[gandʒ]

descobrimento (m)	кашф	[kaʃf]
descobrir (novas terras)	кашф кардан	[kaʃf kardan]
expedição (f)	экспедитсия	[ɛkspeditsija]

mosqueteiro (m)	туфангдор	[tufangdor]
cardeal (m)	кардинал	[kardinal]
heráldica (f)	гербшиносй	[gerbʃinosi:]
heráldico (adj)	... и гербшиносй	[i gerbʃinosi:]

117. Líder. Chefe. Autoridades

rei (m)	шоҳ	[ʃoh]
rainha (f)	малика	[malika]
real (adj)	шоҳй, ... и шоҳ	[ʃohi:], [i ʃoh]
reino (m)	шоҳигарй	[ʃohigari:]

príncipe (m)	шоҳзода	[ʃohzoda]
princesa (f)	шоҳдухтар	[ʃohduxtar]

presidente (m)	президент	[prezident]
vice-presidente (m)	ноиб-президент	[noib-prezident]
senador (m)	сенатор	[senator]

monarca (m)	монарх, подшоҳ	[monarχ], [podʃoh]
governante (m)	ҳукмдор	[hukmdor]
ditador (m)	ҳукмфармо	[hukmfarmo]
tirano (m)	мустабид	[mustabid]
magnata (m)	магнат	[magnat]

diretor (m)	директор, мудир	[direktor], [mudir]
chefe (m)	сардор	[sardor]
gerente (m)	идоракунанда	[idorakunanda]
patrão (m)	хӯчаин, саркор	[χœdʒain], [sarkor]
dono (m)	соҳиб, хӯчаин	[sohib], [χœdʒain]

líder (m)	сарвар, роҳбар	[sarvar], [rohbar]
chefe (m)	сардор	[sardor]
autoridades (f pl)	ҳукумат	[hukumat]
superiores (m pl)	сардорон	[sardoron]

governador (m)	губернатор	[gubernator]
cônsul (m)	консул	[konsul]

diplomata (m)	дипломат	[diplomat]
Presidente (m) da Câmara	мир	[mir]
xerife (m)	шериф	[ʃerif]

imperador (m)	император	[imperator]
czar (m)	шоҳ	[ʃoh]
faraó (m)	фиръавн	[fir'avn]
cã, khan (m)	хон	[χon]

118. Violação da lei. Criminosos. Parte 1

bandido (m)	роҳзан	[rohzan]
crime (m)	чиноят	[dʒinojat]
criminoso (m)	чинояткор	[dʒinojatkor]

ladrão (m)	дузд	[duzd]
roubar (vt)	дуздидан	[duzdidan]
roubo (atividade)	дуздӣ	[duzdi:]
furto (m)	ғорат	[ʁorat]

raptar, sequestrar (vt)	дуздидан	[duzdidan]
sequestro (m)	одамдуздӣ	[odamduzdi:]
sequestrador (m)	одамдузд	[odamduzd]

resgate (m)	фидия	[fidija]
pedir resgate	фидия талаб кардан	[fidija talab kardan]

roubar (vt)	ғорат кардан	[ʁorat kardan]
assalto, roubo (m)	ғорат	[ʁorat]
assaltante (m)	ғоратгар	[ʁoratgar]

extorquir (vt)	тамаъ чустан	[tama' dʒustan]
extorsionário (m)	тамаъкор	[tama'kor]
extorsão (f)	тамаъҷӯй	[tama'dʒœi:]

matar, assassinar (vt)	куштан	[kuʃtan]
homicídio (m)	қатл, куштор	[qatl], [kuʃtor]
homicida, assassino (m)	кушанда	[kuʃanda]

tiro (m)	тир, тирпарронӣ	[tir], [tirparroni:]
dar um tiro	тир паррондан	[tir parrondan]
matar a tiro	паррондан	[parrondan]
disparar, atirar (vi)	тир задан	[tir zadan]
tiroteio (m)	тирандозӣ	[tirandozi:]

incidente (m)	ҳодиса	[hodisa]
briga (~ de rua)	занозанӣ	[zanozani:]
Socorro!	Ёри диҳед!	[jori dihed]
vítima (f)	қурбонӣ, қурбон	[qurboni:], [qurbon]

danificar (vt)	осеб расонидан	[oseb rasonidan]
dano (m)	зарар	[zarar]
cadáver (m)	ҷасад	[dʒasad]
grave (adj)	вазнин	[vaznin]

atacar (vt)	хуҷум кардан	[huʤum kardan]
bater (espancar)	задан	[zadan]
espancar (vt)	лату кӯб кардан	[latu kœb kardan]
tirar, roubar (dinheiro)	кашида гирифтан	[kaʃida giriftan]
esfaquear (vt)	сар буридан	[sar buridan]
mutilar (vt)	маъюб кардан	[ma'jub kardan]
ferir (vt)	захмдор кардан	[zaχmdor kardan]

chantagem (f)	таҳдид	[tahdid]
chantagear (vt)	таҳдид кардан	[tahdid kardan]
chantagista (m)	таҳдидгар	[tahdidgar]

extorsão (f)	рэкет	[rɛket]
extorsionário (m)	рэкетчй	[rɛkettʃi:]
gângster (m)	роҳзан, ғоратгар	[rohzan], [ʁoratgar]
máfia (f)	мафия	[mafija]

punguista (m)	кисабур	[kisabur]
assaltante, ladrão (m)	дузди қулфшикан	[duzdi qulfʃikan]
contrabando (m)	қочоқчигй	[qotʃoqtʃigi:]
contrabandista (m)	қочоқчй	[qotʃoqtʃi:]

falsificação (f)	сохтакорй	[soχtakori:]
falsificar (vt)	сохтакорй кардан	[soχtakori: kardan]
falsificado (adj)	қалбақй	[qalbaqi:]

119. Violação da lei. Criminosos. Parte 2

estupro (m)	таҷовуз ба номус	[taʤovuz ba nomus]
estuprar (vt)	ба номус таҷовуз кардан	[ba nomus taʤovuz kardan]
estuprador (m)	зӯрикунанда	[zœrikunanda]
maníaco (m)	васвосй, савдой	[vasvosi:], [savdoi:]

prostituta (f)	фоҳиша	[fohiʃa]
prostituição (f)	фоҳишагй	[fohiʃagi:]
cafetão (m)	занчаллоб	[zandʒallob]

drogado (m)	нашъаманд	[naʃ'amand]
traficante (m)	нашъачаллоб	[naʃ'adʒallob]

explodir (vt)	таркондан	[tarkondan]
explosão (f)	таркиш, таркидан	[tarkiʃ], [tarkidan]
incendiar (vt)	оташ задан	[otaʃ zadan]
incendiário (m)	оташзананда	[otaʃzananda]

terrorismo (m)	терроризм	[terrorizm]
terrorista (m)	террорчй	[terrortʃi:]
refém (m)	шахси гаравй, гаравгон	[ʃaχsi garavi:], [garavgon]

enganar (vt)	фиреб додан, фирефтан	[fireb dodan], [fireftan]
engano (m)	фиреб	[fireb]
vigarista (m)	фиребгар	[firebgar]
subornar (vt)	пора додан	[pora dodan]
suborno (atividade)	пора додан	[pora dodan]

suborno (dinheiro)	пора, ришва	[pora], [riʃva]
veneno (m)	заҳр	[zahr]
envenenar (vt)	заҳр додан	[zahr dodan]
envenenar-se (vr)	заҳр хӯрдан	[zahr χœrdan]

| suicídio (m) | худкушӣ | [χudkuʃi:] |
| suicida (m) | худкуш | [χudkuʃ] |

ameaçar (vt)	дӯғ задан	[dœʁ zadan]
ameaça (f)	дӯғ, пӯписа	[dœʁ], [pœpisa]
atentar contra a vida de …	суиқасд кардан	[suiqasd kardan]
atentado (m)	суиқасд	[suiqasd]

| roubar (um carro) | дуздидан | [duzdidan] |
| sequestrar (um avião) | дуздидан | [duzdidan] |

| vingança (f) | интиқом | [intiqom] |
| vingar (vt) | интиқом гирифтан | [intiqom giriftan] |

torturar (vt)	шиканҷа кардан	[ʃikanʤa kardan]
tortura (f)	шиканҷа	[ʃikanʤa]
atormentar (vt)	азоб додан	[azob dodan]

pirata (m)	роҳзани баҳрӣ	[rohzani bahri:]
desordeiro (m)	бадахлоқ	[badaχloq]
armado (adj)	мусаллаҳ	[musallah]
violência (f)	таҷовуз	[taʤovuz]
ilegal (adj)	ғайрилегалӣ	[ʁajrilegali:]

| espionagem (f) | ҷосусӣ | [ʤosusi:] |
| espionar (vi) | ҷосусӣ кардан | [ʤosusi: kardan] |

120. Polícia. Lei. Parte 1

| justiça (sistema de ~) | адлия | [adlija] |
| tribunal (m) | суд | [sud] |

juiz (m)	довар	[dovar]
jurados (m pl)	суди халқӣ	[sudi χalqi:]
tribunal (m) do júri	суди касамиён	[sudi kasamijon]
julgar (vt)	суд кардан	[sud kardan]

advogado (m)	адвокат, ҳимоягар	[advokat], [himojagar]
réu (m)	айбдор	[ajbdor]
banco (m) dos réus	курсии судшаванда	[kursi:i sudʃavanda]

| acusação (f) | айбдоркунӣ | [ajbdorkuni:] |
| acusado (m) | айбдоршаванда | [ajbdorʃavanda] |

| sentença (f) | ҳукм, ҳукмнома | [hukm], [hukmnoma] |
| sentenciar (vt) | ҳукм кардан | [hukm kardan] |

| culpado (m) | гунаҳкор, айбдор | [gunahkor], [ajbdor] |
| punir (vt) | ҷазо додан | [ʤazo dodan] |

punição (f)	чазо	[dʒazo]
multa (f)	чарима	[dʒarima]
prisão (f) perpétua	ҳабси якумрӣ	[habsi jakumri:]
pena (f) de morte	чазои қатл	[dʒazoi qatl]
cadeira (f) elétrica	курсии барқӣ	[kursi:i barqi:]
forca (f)	дор	[dor]

executar (vt)	қатл кардан	[qatl kardan]
execução (f)	ҳукми куш	[hukmi kuʃ]

prisão (f)	маҳбас	[mahbas]
cela (f) de prisão	камера	[kamera]

escolta (f)	қаравулон	[qaravulon]
guarda (m) prisional	назоратчии ҳабсхона	[nazorattʃi:i habsχona]
preso, prisioneiro (m)	маҳбус	[mahbus]

algemas (f pl)	дастбанд	[dastband]
algemar (vt)	ба даст кишан андохтан	[ba dast kiʃan andoχtan]

fuga, evasão (f)	гурез	[gurez]
fugir (vi)	гурехтан	[gureχtan]
desaparecer (vi)	гум шудан	[gum ʃudan]
soltar, libertar (vt)	озод кардан	[ozod kardan]
anistia (f)	амнистия, афви умумӣ	[amnistija], [afvi umumi:]

polícia (instituição)	полис	[polis]
polícia (m)	полис	[polis]
delegacia (f) de polícia	милисахона	[milisaχona]
cassetete (m)	чӯбдасти резинӣ	[tʃœbdasti rezini:]
megafone (m)	баландгӯяк	[balandgœjak]

carro (m) de patrulha	мошини дидбонӣ	[moʃini didboni:]
sirene (f)	бурғу	[burʁu]
ligar a sirene	даргиронидани сирена	[dargironidani sirena]
toque (m) da sirene	ҳуввоси сирена	[huvvosi sirena]

cena (f) do crime	ҷойи чиноят	[dʒoji dʒinojat]
testemunha (f)	шоҳид	[ʃohid]
liberdade (f)	озодӣ	[ozodi:]
cúmplice (m)	шарик	[ʃarik]
escapar (vi)	паноҳ шудан	[panoh ʃudan]
traço (não deixar ~s)	пай	[paj]

121. Polícia. Lei. Parte 2

procura (f)	чустучӯ	[dʒustudʒœ]
procurar (vt)	чустучӯ кардан	[dʒustudʒœ kardan]
suspeita (f)	шубҳа	[ʃubha]
suspeito (adj)	шубҳанок	[ʃubhanok]
parar (veículo, etc.)	нигоҳ доштан	[nigoh doʃtan]
deter (fazer parar)	дастгир кардан	[dastgir kardan]
caso (~ criminal)	кори чиноятӣ	[kori dʒinojati:]
investigação (f)	тафтиш	[taftiʃ]

detetive (m)	муфаттиши махфй	[mufattiʃi maχfi:]
investigador (m)	муфаттиш	[mufattiʃ]
versão (f)	версия	[versija]

motivo (m)	ангеза	[angeza]
interrogatório (m)	истинток кардан	[istintok kardan]
interrogar (vt)	истинток	[istintok]
questionar (vt)	райпурсй кардан	[rajpursi: kardan]
verificação (f)	тафтиш	[taftiʃ]

batida (f) policial	муҳосира,иҳота	[muhosira,ihota]
busca (f)	кофтуков	[koftukov]
perseguição (f)	таъқиб	[ta'qib]
perseguir (vt)	таъқиб кардан	[ta'qib kardan]
seguir, rastrear (vt)	поидан	[poidan]

prisão (f)	ҳабс	[habs]
prender (vt)	ҳабс кардан	[habs kardan]
pegar, capturar (vt)	дастгир кардан	[dastgir kardan]
captura (f)	дастгир карданй	[dastgir kardani:]

documento (m)	хуччат, санад	[hudʒdʒat], [sanad]
prova (f)	исбот	[isbot]
provar (vt)	исбот кардан	[isbot kardan]
pegada (f)	из, пай	[iz], [paj]
impressões (f pl) digitais	нақши ангуштон	[naqʃi anguʃton]
prova (f)	далел	[dalel]

álibi (m)	алиби	[alibi]
inocente (adj)	бегуноҳ, беайб	[begunoh], [beajb]
injustiça (f)	беадолатй	[beadolati:]
injusto (adj)	беинсоф	[beinsof]

criminal (adj)	чиноятй	[dʒinojati:]
confiscar (vt)	мусодира кардан	[musodira kardan]
droga (f)	маводи нашъадор	[mavodi naʃ'ador]
arma (f)	яроқ	[jaroq]
desarmar (vt)	беярок кардан	[bejarok kardan]
ordenar (vt)	фармон додан	[farmon dodan]
desaparecer (vi)	гум шудан	[gum ʃudan]

lei (f)	қонун	[qonun]
legal (adj)	конунй, ... и конун	[konuni:], [i konun]
ilegal (adj)	ғайриқонунй	[ʁajriqonuni:]

responsabilidade (f)	чавобгарй	[dʒavobgari:]
responsável (adj)	чавобгар	[dʒavobgar]

NATUREZA

A Terra. Parte 1

122. Espaço sideral

espaço, cosmo (m)	кайхон	[kajhon]
espacial, cósmico (adj)	... и кайхон	[i kajhon]
espaço (m) cósmico	фазои кайхон	[fazoi kajhon]
mundo (m)	чахон	[dʒahon]
universo (m)	коинот	[koinot]
galáxia (f)	галактика	[galaktika]
estrela (f)	ситора	[sitora]
constelação (f)	бурч	[burdʒ]
planeta (m)	сайёра	[sajjɔra]
satélite (m)	радиф	[radif]
meteorito (m)	метеорит, шихобпора	[meteorit], [ʃihobpora]
cometa (m)	ситораи думдор	[sitorai dumdor]
asteroide (m)	астероид	[asteroid]
órbita (f)	мадор	[mador]
girar (vi)	давр задан	[davr zadan]
atmosfera (f)	атмосфера	[atmosfera]
Sol (m)	Офтоб	[oftob]
Sistema (m) Solar	манзумаи шамсӣ	[manzumai ʃamsi:]
eclipse (m) solar	гирифтани офтоб	[giriftani oftob]
Terra (f)	Замин	[zamin]
Lua (f)	Мох	[moh]
Marte (m)	Миррих	[mirriχ]
Vênus (f)	Зӯхра, Нохид	[zœhra], [nohid]
Júpiter (m)	Муштарӣ	[muʃtari:]
Saturno (m)	Кайвон	[kajvon]
Mercúrio (m)	Уторид	[utorid]
Urano (m)	Уран	[uran]
Netuno (m)	Нептун	[neptun]
Plutão (m)	Плутон	[pluton]
Via Láctea (f)	Рохи Кахкашон	[rohi kahkaʃon]
Ursa Maior (f)	Дубби Акбар	[dubbi akbar]
Estrela Polar (f)	Ситораи кутбӣ	[sitorai qutbi:]
marciano (m)	миррихӣ	[mirriχi:]
extraterrestre (m)	инопланетянхо	[inoplanetjanho]

alienígena (m)	махлуқи кайҳони	[maχluqi: kajhoni:]
disco (m) voador	табақи парвозкунанда	[tabaqi parvozkunanda]
espaçonave (f)	киштии кайҳони	[kiʃti:i kajhoni:]
estação (f) orbital	стантсияи мадори	[stantsijai madori:]
lançamento (m)	оғоз	[oʁoz]
motor (m)	муҳаррик	[muharrik]
bocal (m)	сопло	[soplo]
combustível (m)	сӯзишвори	[sœziʃvori:]
cabine (f)	кабина	[kabina]
antena (f)	антенна	[antenna]
vigia (f)	иллюминатор	[illjuminator]
bateria (f) solar	батареи офтоби	[batarei oftobi:]
traje (m) espacial	скафандр	[skafandr]
imponderabilidade (f)	бевазни	[bevazni:]
oxigênio (m)	оксиген	[oksigen]
acoplagem (f)	пайваст	[pajvast]
fazer uma acoplagem	пайваст кардан	[pajvast kardan]
observatório (m)	расадхона	[rasadχona]
telescópio (m)	телескоп	[teleskop]
observar (vt)	мушоҳида кардан	[muʃohida kardan]
explorar (vt)	таҳқиқ кардан	[tahqiq kardan]

123. A Terra

Terra (f)	Замин	[zamin]
globo terrestre (Terra)	кураи замин	[kurai zamin]
planeta (m)	сайёра	[sajjora]
atmosfera (f)	атмосфера	[atmosfera]
geografia (f)	география	[geografija]
natureza (f)	табиат	[tabiat]
globo (mapa esférico)	глобус	[globus]
mapa (m)	харита	[χarita]
atlas (m)	атлас	[atlas]
Ásia (f)	Осиё	[osijɔ]
África (f)	Африқо	[afriqo]
Austrália (f)	Австралия	[avstralija]
América (f)	Америка	[amerika]
América (f) do Norte	Америкаи Шимоли	[amerikai ʃimoli:]
América (f) do Sul	Америкаи Ҷануби	[amerikai dʒanubi:]
Antártida (f)	Антарктида	[antarktida]
Ártico (m)	Арктика	[arktika]

124. Pontos cardeais

norte (m)	шимол	[ʃimol]
para norte	ба шимол	[ba ʃimol]
no norte	дар шимол	[dar ʃimol]
do norte (adj)	шимолӣ, ... и шимол	[ʃimoli:], [i ʃimol]
sul (m)	ҷануб	[dʒanub]
para sul	ба ҷануб	[ba dʒanub]
no sul	дар ҷануб	[dar dʒanub]
do sul (adj)	ҷанубӣ, ... и ҷануб	[dʒanubi:], [i dʒanub]
oeste, ocidente (m)	ғарб	[ʁarb]
para oeste	ба ғарб	[ba ʁarb]
no oeste	дар ғарб	[dar ʁarb]
ocidental (adj)	ғарбӣ, ... и ғарб	[ʁarbi:], [i ʁarb]
leste, oriente (m)	шарқ	[ʃarq]
para leste	ба шарқ	[ba ʃarq]
no leste	дар шарқ	[dar ʃarq]
oriental (adj)	шарқӣ	[ʃarqi:]

125. Mar. Oceano

mar (m)	баҳр	[bahr]
oceano (m)	уқёнус	[uqjɔnus]
golfo (m)	халич	[χalidʒ]
estreito (m)	гулӯгоҳ	[gulœgoh]
terra (f) firme	хушкӣ, замин	[χuʃki:], [zamin]
continente (m)	материк, қитъа	[materik], [qit'a]
ilha (f)	ҷазира	[dʒazira]
península (f)	нимҷазира	[nimdʒazira]
arquipélago (m)	галаҷазира	[galadʒazira]
baía (f)	халич	[χalidʒ]
porto (m)	бандар	[bandar]
lagoa (f)	лагуна	[laguna]
cabo (m)	димоға	[dimoʁa]
atol (m)	атолл	[atoll]
recife (m)	харсанги зериобӣ	[χarsangi zeriobi:]
coral (m)	марҷон	[mardʒon]
recife (m) de coral	обсанги марҷонӣ	[obsangi mardʒoni:]
profundo (adj)	чуқур	[tʃuqur]
profundidade (f)	чуқурӣ	[tʃuquri:]
abismo (m)	қаър	[qa'r]
fossa (f) oceânica	чуқурӣ	[tʃuquri:]
corrente (f)	ҷараён	[dʒarajon]
banhar (vt)	шустан	[ʃustan]

litoral (m)	соҳил, соҳили баҳр	[sohil], [sohili bahr]
costa (f)	соҳил	[sohil]
maré (f) alta	мадд	[madd]
refluxo (m)	ҷазр	[dʒazr]
restinga (f)	пастоб	[pastob]
fundo (m)	қаър	[qa'r]
onda (f)	мавҷ	[mavʤ]
crista (f) da onda	теғаи мавҷ	[teʁai mavʤ]
espuma (f)	кафк	[kafk]
tempestade (f)	тӯфон, бӯрои	[tœfon], [bœroi]
furacão (m)	тундбод	[tundbod]
tsunami (m)	сунами	[sunami]
calmaria (f)	сукунати ҳаво	[sukunati havo]
calmo (adj)	ором	[orom]
polo (m)	қутб	[qutb]
polar (adj)	қутбӣ	[qutbi:]
latitude (f)	арз	[arz]
longitude (f)	тӯл	[tœl]
paralela (f)	параллел	[parallel]
equador (m)	хати истиво	[χati istivo]
céu (m)	осмон	[osmon]
horizonte (m)	уфуқ	[ufuq]
ar (m)	ҳаво	[havo]
farol (m)	мино	[mino]
mergulhar (vi)	ғӯта задан	[ʁœta zadan]
afundar-se (vr)	ғарқ шудан	[ʁarq ʃudan]
tesouros (m pl)	ганҷ	[ganʤ]

126. Nomes de Mares e Oceanos

Oceano (m) Atlântico	Уқёнуси Атлантик	[uqjɔnusi atlantik]
Oceano (m) Índico	Уқёнуси Ҳинд	[uqjɔnusi hind]
Oceano (m) Pacífico	Уқёнуси Ором	[uqjɔnusi orom]
Oceano (m) Ártico	Уқёнуси яхбастаи шимолӣ	[uqjɔnusi jaχbastai ʃimoli:]
Mar (m) Negro	Баҳри Сиёҳ	[bahri sijɔh]
Mar (m) Vermelho	Баҳри Сурх	[bahri surχ]
Mar (m) Amarelo	Баҳри Зард	[bahri zard]
Mar (m) Branco	Баҳри Сафед	[bahri safed]
Mar (m) Cáspio	Баҳри Хазар	[bahri χazar]
Mar (m) Morto	Баҳри Майит	[bahri majit]
Mar (m) Mediterrâneo	Баҳри Миёназамин	[bahri mijɔnazamin]
Mar (m) Egeu	Баҳри Эгей	[bahri ɛgej]
Mar (m) Adriático	Баҳри Адриатика	[bahri adriatika]
Mar (m) Arábico	Баҳри Араби	[bahri aravi]

Mar (m) do Japão	Баҳри Чопон	[bahri ʤopon]
Mar (m) de Bering	Баҳри Беринг	[bahri bering]
Mar (m) da China Meridional	Баҳри Хитойи Ҷанубӣ	[bahri χitoji ʤanubi:]

Mar (m) de Coral	Баҳри Марҷон	[bahri marʤon]
Mar (m) de Tasman	Баҳри Тасман	[bahri tasman]
Mar (m) do Caribe	Баҳри Кариб	[bahri karib]

| Mar (m) de Barents | Баҳри Баренс | [bahri barens] |
| Mar (m) de Kara | Баҳри Кара | [bahri kara] |

Mar (m) do Norte	Баҳри Шимолӣ	[bahri ʃimoli:]
Mar (m) Báltico	Баҳри Балтика	[bahri baltika]
Mar (m) da Noruega	Баҳри Норвегия	[bahri norvegija]

127. Montanhas

montanha (f)	кӯҳ	[kœh]
cordilheira (f)	силсилакӯҳ	[silsilakœh]
serra (f)	қаторкӯҳ	[qatorkœh]

cume (m)	кулла	[kulla]
pico (m)	қулла	[qulla]
pé (m)	доманаи кӯҳ	[domanai kœh]
declive (m)	нишебӣ	[niʃebi:]

vulcão (m)	вулқон	[vulqon]
vulcão (m) ativo	вулқони амалкунанда	[vulqoni amalkunanda]
vulcão (m) extinto	вулқони хомӯшшуда	[vulqoni χomœʃʃuda]

erupção (f)	оташфишонӣ	[otaʃfiʃoni:]
cratera (f)	танӯра	[tanœra]
magma (m)	магма, тафта	[magma], [tafta]
lava (f)	гудоза	[gudoza]
fundido (lava ~a)	тафта	[tafta]

cânion, desfiladeiro (m)	оббурда, дара	[obburda], [dara]
garganta (f)	дара	[dara]
fenda (f)	тангно	[tangno]
precipício (m)	партгоҳ	[partgoh]

passo, colo (m)	ағба	[aʁba]
planalto (m)	пуштаи кӯҳ	[puʃtai kœh]
falésia (f)	шух	[ʃuχ]
colina (f)	теппа	[teppa]

geleira (f)	пирях	[pirjaχ]
cachoeira (f)	шаршара	[ʃarʃara]
gêiser (m)	гейзер	[gejzer]
lago (m)	кул	[kul]

planície (f)	ҳамворӣ	[hamvori:]
paisagem (f)	манзара	[manzara]
eco (m)	акси садо	[aksi sado]

alpinista (m)	кӯҳнавард	[kœhnavard]
escalador (m)	шухпаймо	[ʃuxpajmo]
conquistar (vt)	фатҳ кардан	[fath kardan]
subida, escalada (f)	болобарой	[bolobaroi:]

128. Nomes de montanhas

Alpes (m pl)	Кӯҳҳои Алп	[kœhhoi alp]
Monte Branco (m)	Монблан	[monblan]
Pirineus (m pl)	Кӯҳҳои Пиреней	[kœhhoi pirenej]
Cárpatos (m pl)	Кӯҳҳои Карпат	[kœhhoi karpat]
Urais (m pl)	Кӯҳҳои Урал	[kœhhoi ural]
Cáucaso (m)	Кӯҳҳои Кавказ	[kœhhoi kavkaz]
Elbrus (m)	Елбруз	[elbruz]
Altai (m)	Алтай	[altaj]
Tian Shan (m)	Тиёншон	[tijɔnʃon]
Pamir (m)	Кӯҳҳои Помир	[kœhhoi pomir]
Himalaia (m)	Ҳимолой	[himoloj]
monte Everest (m)	Эверест	[ɛverest]
Cordilheira (f) dos Andes	Кӯҳҳои Анд	[kœhhoi and]
Kilimanjaro (m)	Килиманчаро	[kilimandʒaro]

129. Rios

rio (m)	дарё	[darjɔ]
fonte, nascente (f)	чашма	[ʧaʃma]
leito (m) de rio	мачрои дарё	[madʒroi darjɔ]
bacia (f)	ҳавза	[havza]
desaguar no ...	рехтан ба ...	[reχtan ba]
afluente (m)	шохоб	[ʃoχob]
margem (do rio)	соҳил	[sohil]
corrente (f)	чараён	[dʒarajɔn]
rio abaixo	мувофиқи рафти об	[muvofiqi rafti ob]
rio acima	муқобили самти об	[muqobili samti ob]
inundação (f)	обхезй	[obχezi:]
cheia (f)	обхез	[obχez]
transbordar (vi)	дамидан	[damidan]
inundar (vt)	зер кардан	[zer kardan]
banco (m) de areia	тунукоба	[tunukoba]
corredeira (f)	мавчрез	[mavdʒrez]
barragem (f)	сарбанд	[sarband]
canal (m)	канал	[kanal]
reservatório (m) de água	обанбор	[obanbor]
eclusa (f)	шлюз	[ʃljuz]

corpo (m) de água	обанбор	[obanbor]
pântano (m)	ботлоқ, ботқоқ	[botloq], [botqoq]
lamaçal (m)	ботлоқ	[botloq]
redemoinho (m)	гирдоб	[girdob]
riacho (m)	чӯй	[dʒœj]
potável (adj)	нӯшиданӣ	[nœʃidani:]
doce (água)	ширин	[ʃirin]
gelo (m)	ях	[jaχ]
congelar-se (vr)	ях бастан	[jaχ bastan]

130. Nomes de rios

rio Sena (m)	Сена	[sena]
rio Loire (m)	Луара	[luara]
rio Tâmisa (m)	Темза	[temza]
rio Reno (m)	Рейн	[rejn]
rio Danúbio (m)	Дунай	[dunaj]
rio Volga (m)	Волга	[volga]
rio Don (m)	Дон	[don]
rio Lena (m)	Лена	[lena]
rio Amarelo (m)	Хуанхе	[χuanχe]
rio Yangtzé (m)	Янсзи	[janszi]
rio Mekong (m)	Меконг	[mekong]
rio Ganges (m)	Ганга	[ganga]
rio Nilo (m)	Нил	[nil]
rio Congo (m)	Конго	[kongo]
rio Cubango (m)	Окаванго	[okavango]
rio Zambeze (m)	Замбези	[zambezi]
rio Limpopo (m)	Лимпопо	[limpopo]
rio Mississippi (m)	Миссисипи	[missisipi]

131. Floresta

floresta (f), bosque (m)	чангал	[dʒangal]
florestal (adj)	чангалӣ	[dʒangali:]
mata (f) fechada	чангалзор	[dʒangalzor]
arvoredo (m)	дарахтзор	[daraχtzor]
clareira (f)	чаман	[tʃaman]
matagal (m)	буттазор	[buttazor]
mato (m), caatinga (f)	буттазор	[buttazor]
pequena trilha (f)	пайраҳа	[pajraha]
ravina (f)	оббурда	[obburda]
árvore (f)	дарахт	[daraχt]

folha (f)	барг	[barg]
folhagem (f)	баргхои дарахт	[barghoi daraχt]
queda (f) das folhas	баргрезй	[bargrezi:]
cair (vi)	рехтан	[reχtan]
topo (m)	нӯг	[nœg]
ramo (m)	шох, шохча	[ʃoχ], [ʃoχʧa]
galho (m)	шохи дарахг	[ʃoχi daraχg]
botão (m)	муғча	[muʁʤa]
agulha (f)	сӯзан	[sœzan]
pinha (f)	чалғӯза	[ʤalʁœza]
buraco (m) de árvore	сӯрохи дарахт	[sœroχi daraχt]
ninho (m)	ошёна, лона	[oʃʲona], [lona]
toca (f)	хона	[χona]
tronco (m)	тана	[tana]
raiz (f)	реша	[reʃa]
casca (f) de árvore	пӯсти дарахт	[pœsti daraχt]
musgo (m)	ушна	[uʃna]
arrancar pela raiz	реша кофтан	[reʃa koftan]
cortar (vt)	зада буридан	[zada buridan]
desflorestar (vt)	бурида нест кардан	[burida nest kardan]
toco, cepo (m)	кундаи дарахт	[kundai daraχt]
fogueira (f)	гулхан	[gulχan]
incêndio (m) florestal	сӯхтор, оташ	[sœχtor], [otaʃ]
apagar (vt)	хомӯш кардан	[χomœʃ kardan]
guarda-parque (m)	чангалбон	[ʤangalbon]
proteção (f)	нигохбонй	[nigohboni:]
proteger (a natureza)	нигохбонй кардан	[nigohboni: kardan]
caçador (m) furtivo	қӯруқшикан	[qœruqʃikan]
armadilha (f)	қапқон, дом	[qapqon], [dom]
colher (cogumelos, bagas)	чидан	[ʧidan]
perder-se (vr)	рох гум кардан	[roh gum kardan]

132. Recursos naturais

recursos (m pl) naturais	захирахои табий	[zaχirahoi tabi;i:]
minerais (m pl)	маъданхои фоиданок	[ma'danhoi foidanok]
depósitos (m pl)	кон, маъдаи	[kon], [ma'dai]
jazida (f)	кон	[kon]
extrair (vt)	кандан	[kandan]
extração (f)	канданй	[kandani:]
minério (m)	маъдан	[ma'dan]
mina (f)	кон	[kon]
poço (m) de mina	чох	[ʧoh]
mineiro (m)	конкан	[konkan]
gás (m)	газ	[gaz]

gasoduto (m)	қубури газ	[quburi gaz]
petróleo (m)	нефт	[neft]
oleoduto (m)	қубури нефт	[quburi neft]
poço (m) de petróleo	чоҳи нафт	[tʃohi naft]
torre (f) petrolífera	бурчи нафткашй	[burdʒi naftkaʃi:]
petroleiro (m)	танкер	[tanker]

areia (f)	рег	[reg]
calcário (m)	оҳаксанг	[ohaksang]
cascalho (m)	сангреза, шағал	[sangreza], [ʃaʁal]
turfa (f)	торф	[torf]
argila (f)	гил	[gil]
carvão (m)	ангишт	[angiʃt]

ferro (m)	оҳан	[ohan]
ouro (m)	зар, тилло	[zar], [tillo]
prata (f)	нуқра	[nuqra]
níquel (m)	никел	[nikel]
cobre (m)	мис	[mis]

zinco (m)	руҳ	[ruh]
manganês (m)	манган	[mangan]
mercúrio (m)	симоб	[simob]
chumbo (m)	сурб	[surb]

mineral (m)	минерал, маъдан	[mineral], [ma'dan]
cristal (m)	булӯр, шӯша	[bulœr], [ʃœʃa]
mármore (m)	мармар	[marmar]
urânio (m)	уран	[uran]

A Terra. Parte 2

133. Tempo

tempo (m)	обу ҳаво	[obu havo]
previsão (f) do tempo	пешгӯии ҳаво	[peʃɡœi:i havo]
temperatura (f)	ҳарорат	[harorat]
termômetro (m)	ҳароратсанҷ	[haroratsandʒ]
barômetro (m)	барометр, ҳавосанҷ	[barometr], [havosandʒ]
úmido (adj)	намнок	[namnok]
umidade (f)	намй, рутубат	[nami:], [rutubat]
calor (m)	гармӣ	[garmi:]
tórrido (adj)	тафсон	[tafson]
está muito calor	ҳаво тафсон аст	[havo tafson ast]
está calor	ҳаво гарм аст	[havo garm ast]
quente (morno)	гарм	[garm]
está frio	ҳаво сард аст	[havo sard ast]
frio (adj)	хунук, сард	[xunuk], [sard]
sol (m)	офтоб	[oftob]
brilhar (vi)	тобидан	[tobidan]
de sol, ensolarado	... и офтоб	[i oftob]
nascer (vi)	баромадан	[baromadan]
pôr-se (vr)	паст шудан	[past ʃudan]
nuvem (f)	абр	[abr]
nublado (adj)	... и абр, абрӣ	[i abr], [abri:]
nuvem (f) preta	абри сиёҳ	[abri sijoh]
escuro, cinzento (adj)	абрнок	[abrnok]
chuva (f)	борон	[boron]
está a chover	борон меборад	[boron meborad]
chuvoso (adj)	серборон	[serboron]
chuviscar (vi)	сим-сим боридан	[sim-sim boridan]
chuva (f) torrencial	борони сахт	[boroni saxt]
aguaceiro (m)	борони сел	[boroni sel]
forte (chuva, etc.)	сахт	[saxt]
poça (f)	кӯлмак	[kœlmak]
molhar-se (vr)	шилтиқ шудан	[ʃiltiq ʃudan]
nevoeiro (m)	туман	[tuman]
de nevoeiro	... и туман	[i tuman]
neve (f)	барф	[barf]
está nevando	барф меборад	[barf meborad]

134. Tempo extremo. Catástrofes naturais

trovoada (f)	раъду барк	[ra'du bark]
relâmpago (m)	барқ	[barq]
relampejar (vi)	дурахшидан	[duraχʃidan]
trovão (m)	тундар	[tundar]
trovejar (vi)	гулдуррос задан	[guldurros zadan]
está trovejando	раъд гулдуррос мезанад	[ra'd guldurros mezanad]
granizo (m)	жола	[ʒola]
está caindo granizo	жола меборад	[ʒola meborad]
inundar (vt)	зер кардан	[zer kardan]
inundação (f)	обхезй	[obχezi:]
terremoto (m)	заминчунбй	[zamindʒunbi:]
abalo, tremor (m)	заминчунбй,такон	[zamindʒunbi:,takon]
epicentro (m)	эпимарказ	[ɛpimarkaz]
erupção (f)	оташфишонй	[otaʃfiʃoni:]
lava (f)	гудоза	[gudoza]
tornado (m)	гирдбод	[girdbod]
tornado (m)	торнадо	[tornado]
tufão (m)	тӯфон	[tœfon]
furacão (m)	тундбод	[tundbod]
tempestade (f)	тӯфон, бӯрои	[tœfon], [bœroi]
tsunami (m)	сунами	[sunami]
ciclone (m)	сиклон	[siklon]
mau tempo (m)	ҳавои бад	[havoi bad]
incêndio (m)	сӯхтор, оташ	[sœχtor], [otaʃ]
catástrofe (f)	садама, фалокат	[sadama], [falokat]
meteorito (m)	метеорит, шихобпора	[meteorit], [ʃihobpora]
avalanche (f)	тарма	[tarma]
deslizamento (m) de neve	тарма	[tarma]
nevasca (f)	бӯрони барфй	[bœroni barfi:]
tempestade (f) de neve	бӯрон	[bœron]

Fauna

135. Mamíferos. Predadores

predador (m)	дарранда	[darranda]
tigre (m)	бабр, паланг	[babr], [palang]
leão (m)	шер	[ʃer]
lobo (m)	гург	[gurg]
raposa (f)	рӯбох	[rœboh]

jaguar (m)	юзи ало	[juzi alo]
leopardo (m)	паланг	[palang]
chita (f)	юз	[juz]

pantera (f)	пантера	[pantera]
puma (m)	пума	[puma]
leopardo-das-neves (m)	шерпаланг	[ʃerpalang]
lince (m)	силовсин	[silovsin]

coiote (m)	койот	[kojot]
chacal (m)	шагол	[ʃagol]
hiena (f)	кафтор	[kaftor]

136. Animais selvagens

animal (m)	ҳайвон	[hajvon]
besta (f)	ҳайвони ваҳшй	[hajvoni vahʃiː]

esquilo (m)	санчоб	[sandʒob]
ouriço (m)	хорпушт	[χorpuʃt]
lebre (f)	заргӯш	[zargœʃ]
coelho (m)	харгӯш	[χargœʃ]

texugo (m)	қашқалдоқ	[qaʃqaldoq]
guaxinim (m)	енот	[enot]
hamster (m)	миримӯшон	[mirimœʃon]
marmota (f)	суғур	[suʁur]

toupeira (f)	кӯрмуш	[kœrmuʃ]
rato (m)	муш	[muʃ]
ratazana (f)	калламуш	[kallamuʃ]
morcego (m)	кӯршапарак	[kœrʃaparak]

arminho (m)	қоқум	[qoqum]
zibelina (f)	самур	[samur]
marta (f)	савсор	[savsor]
doninha (f)	росу	[rosu]
visom (m)	вашақ	[vaʃaq]

| castor (m) | кундуз | [kunduz] |
| lontra (f) | сагоби | [sagobi] |

cavalo (m)	асп	[asp]
alce (m)	шоҳгавазн	[ʃohgavazn]
veado (m)	гавазн	[gavazn]
camelo (m)	шутур, уштур	[ʃutur], [uʃtur]

bisão (m)	бизон	[bizon]
auroque (m)	гови ваҳшй	[govi vahʃi:]
búfalo (m)	говмеш	[govmeʃ]

zebra (f)	гӯрхар	[gœrχar]
antílope (m)	антилопа, ғизол	[antilopa], [ʁizol]
corça (f)	оху	[ohu]
gamo (m)	оху	[ohu]
camurça (f)	нахчир, бузи кӯҳӣ	[naχtʃir], [buzi kœhi:]
javali (m)	хуки ваҳши	[χuki vahʃi]

baleia (f)	кит, наҳанг	[kit], [nahang]
foca (f)	тюлен	[tjulen]
morsa (f)	морж	[morʒ]
urso-marinho (m)	гурбаи обӣ	[gurbai obi:]
golfinho (m)	делфин	[delfin]

urso (m)	хирс	[χirs]
urso (m) polar	хирси сафед	[χirsi safed]
panda (m)	панда	[panda]

macaco (m)	маймун	[majmun]
chimpanzé (m)	шимпанзе	[ʃimpanze]
orangotango (m)	орангутанг	[orangutang]
gorila (m)	горилла	[gorilla]
macaco (m)	макака	[makaka]
gibão (m)	гиббон	[gibbon]

elefante (m)	фил	[fil]
rinoceronte (m)	карк, каркадан	[kark], [karkadan]
girafa (f)	заррофа	[zarrofa]
hipopótamo (m)	баҳмут	[bahmut]

| canguru (m) | кенгуру | [kenguru] |
| coala (m) | коала | [koala] |

mangusto (m)	росу	[rosu]
chinchila (f)	вашақ	[vaʃaq]
cangambá (f)	скунс	[skuns]
porco-espinho (m)	чайра, дугпушт	[dʒajra], [dugpuʃt]

137. Animais domésticos

gata (f)	гурба	[gurba]
gato (m) macho	гурбаи нар	[gurbai nar]
cão (m)	саг	[sag]

cavalo (m)	асп	[asp]
garanhão (m)	айғир, аспи нар	[ajʁir], [aspi nar]
égua (f)	модиён, байтал	[modijɔn], [bajtal]

vaca (f)	гов	[gov]
touro (m)	барзагов	[barzagov]
boi (m)	барзагов	[barzagov]

ovelha (f)	меш, гӯсфанд	[meʃ], [gœsfand]
carneiro (m)	гӯсфанд	[gœsfand]
cabra (f)	буз	[buz]
bode (m)	така, серка	[taka], [serka]

| burro (m) | хар, маркаб | [χar], [markab] |
| mula (f) | хачир | [χatʃir] |

porco (m)	хуқ	[χuq]
leitão (m)	хукбача	[χukbatʃa]
coelho (m)	харгӯш	[χargœʃ]

| galinha (f) | мурғ | [murʁ] |
| galo (m) | хурӯс | [χurœs] |

pata (f), pato (m)	мурғобй	[murʁobi:]
pato (m)	мурғобии нар	[murʁobi:i nar]
ganso (m)	қоз, ғоз	[qoz], [ʁoz]

| peru (m) | хурӯси мурғи марчон | [χurœsi murʁi mardʒon] |
| perua (f) | мокиёни мурғи марчон | [mokijɔni murʁi mardʒon] |

animais (m pl) domésticos	ҳайвони хонагӣ	[hajvoni χonagi:]
domesticado (adj)	ромшуда	[romʃuda]
domesticar (vt)	дастомӯз кардан	[dastomœz kardan]
criar (vt)	калон кардан	[kalon kardan]

fazenda (f)	ферма	[ferma]
aves (f pl) domésticas	паррандаи хонагӣ	[parrandai χonagi:]
gado (m)	чорво	[tʃorvo]
rebanho (m), manada (f)	пода	[poda]

estábulo (m)	саисхона, аспхона	[saisχona], [aspχona]
chiqueiro (m)	хукхона	[χukχona]
estábulo (m)	оғил, говхона	[oʁil], [govχona]
coelheira (f)	харгӯшхона	[χargœʃχona]
galinheiro (m)	мурғхона	[murʁχona]

138. Pássaros

pássaro (m), ave (f)	паранда	[paranda]
pombo (m)	кафтар	[kaftar]
pardal (m)	гунчишк, чумчук	[gundʒiʃk], [tʃumtʃuk]
chapim-real (m)	фотимачумчуқ	[fotimatʃumtʃuq]
pega-rabuda (f)	акка	[akka]
corvo (m)	зоғ	[zoʁ]

gralha-cinzenta (f)	зоғи ало	[zoʁi alo]
gralha-de-nuca-cinzenta (f)	зоғча	[zoʁtʃa]
gralha-calva (f)	шӯрнӯл	[ʃœrnœl]
pato (m)	мурғобӣ	[murʁobi:]
ganso (m)	қоз, ғоз	[qoz], [ʁoz]
faisão (m)	тазарв	[tazarv]
águia (f)	укоб	[ukob]
açor (m)	пайғу	[pajʁu]
falcão (m)	боз, шоҳин	[boz], [ʃohin]
abutre (m)	каргас	[kargas]
condor (m)	кондор	[kondor]
cisne (m)	қу	[qu]
grou (m)	куланг, турна	[kulang], [turna]
cegonha (f)	лаклак	[laklak]
papagaio (m)	тӯтӣ	[tœti:]
beija-flor (m)	колибри	[kolibri]
pavão (m)	товус	[tovus]
avestruz (m)	шутурмурғ	[ʃuturmurʁ]
garça (f)	ҳавосил	[havosil]
flamingo (m)	бутимор	[butimor]
pelicano (m)	мурғи саққо	[murʁi saqqo]
rouxinol (m)	булбул	[bulbul]
andorinha (f)	фароштурук	[faroʃturuk]
tordo-zornal (m)	дурроч	[durrodʒ]
tordo-músico (m)	дуррочи хушхон	[durrodʒi xuʃxon]
melro-preto (m)	дуррочи сиёҳ	[durrodʒi sijɔh]
andorinhão (m)	досак	[dosak]
cotovia (f)	чӯр, чаковак	[dʒœr], [tʃakovak]
codorna (f)	бедона	[bedona]
cuco (m)	фохтак	[foxtak]
coruja (f)	бум, чуғз	[bum], [dʒuʁz]
bufo-real (m)	чуғз	[tʃuʁz]
tetraz-grande (m)	дурроч	[durrodʒ]
tetraz-lira (m)	титав	[titav]
perdiz-cinzenta (f)	кабк, каклик	[kabk], [kaklik]
estorninho (m)	сор, соч	[sor], [sotʃ]
canário (m)	канарейка	[kanarejka]
galinha-do-mato (f)	рябчик	[rjabtʃik]
tentilhão (m)	саъва	[sa'va]
dom-fafe (m)	севғар	[sevʁar]
gaivota (f)	моҳихӯрак	[mohixœrak]
albatroz (m)	уқоби баҳрӣ	[uqobi bahri:]
pinguim (m)	пингвин	[pingvin]

139. Peixes. Animais marinhos

brema (f)	симмоҳӣ	[simmohi:]
carpa (f)	капур	[kapur]
perca (f)	аломоҳӣ	[alomohi:]
siluro (m)	лаққамоҳӣ	[laqqamohi:]
lúcio (m)	шӯртан	[ʃœrtan]
salmão (m)	озодмоҳӣ	[ozodmohi:]
esturjão (m)	тосмоҳӣ	[tosmohi:]
arenque (m)	шӯрмоҳӣ	[ʃœrmohi:]
salmão (m) do Atlântico	озодмоҳи	[ozodmoχi:]
cavala, sarda (f)	заӷӯтамоҳӣ	[zaʁœtamohi:]
solha (f), linguado (m)	камбала	[kambala]
lúcio perca (m)	суфмоҳӣ	[sufmohi:]
bacalhau (m)	равғанмоҳӣ	[ravʁanmohi:]
atum (m)	самак	[samak]
truta (f)	гулмоҳӣ	[gulmohi:]
enguia (f)	мормоҳӣ	[mormohi:]
raia (f) elétrica	скати барқдор	[skati barqdor]
moreia (f)	мурена	[murena]
piranha (f)	пираня	[piranja]
tubarão (m)	наҳанг	[nahang]
golfinho (m)	делфин	[delfin]
baleia (f)	кит, наҳанг	[kit], [nahang]
caranguejo (m)	харчанг	[χartʃang]
água-viva (f)	медуза	[meduza]
polvo (m)	ҳаштпо	[haʃtpo]
estrela-do-mar (f)	ситораи баҳрӣ	[sitorai bahri:]
ouriço-do-mar (m)	хорпушти баҳрӣ	[χorpuʃti bahri:]
cavalo-marinho (m)	аспакмоҳӣ	[aspakmohi:]
ostra (f)	садафак	[sadafak]
camarão (m)	креветка	[krevetka]
lagosta (f)	харчанги баҳрӣ	[χartʃangi bahri:]
lagosta (f)	лангуст	[langust]

140. Anfíbios. Répteis

cobra (f)	мор	[mor]
venenoso (adj)	заҳрдор	[zahrdor]
víbora (f)	мори афъӣ	[mori afʼi:]
naja (f)	мори айнақдор, кӯбро	[mori ajnakdor], [kœbro]
píton (m)	мори печон	[mori petʃon]
jiboia (f)	мори печон	[mori petʃon]
cobra-de-água (f)	мори обӣ	[mori obi:]

| cascavel (f) | шақшақамор | [ʃaqʃaqamor] |
| anaconda (f) | анаконда | [anakonda] |

lagarto (m)	калтакалос	[kaltakalos]
iguana (f)	сусмор, игуана	[susmor], [iguana]
varano (m)	сусмор	[susmor]
salamandra (f)	калтакалос	[kaltakalos]
camaleão (m)	бӯқаламун	[bœqalamun]
escorpião (m)	каждум	[kaʒdum]

tartaruga (f)	сангпушт	[sangpuʃt]
rã (f)	қурбоққа	[qurboqqa]
sapo (m)	ғук, қурбоққаи чӯлӣ	[ʁuk], [qurboqqai tʃœli:]
crocodilo (m)	тимсоҳ	[timsoh]

141. Insetos

inseto (m)	ҳашарот	[haʃarot]
borboleta (f)	шапалак	[ʃapalak]
formiga (f)	мӯрча	[mœrtʃa]
mosca (f)	магас	[magas]
mosquito (m)	пашша	[paʃʃa]
escaravelho (m)	гамбуск	[gambusk]

vespa (f)	ору	[oru]
abelha (f)	занбӯри асал	[zanbœri asal]
mamangaba (f)	говзанбӯр	[govzanbœr]
moscardo (m)	ғурмагас	[ʁurmagas]

| aranha (f) | тортанак | [tortanak] |
| teia (f) de aranha | тори тортанак | [tori tortanak] |

libélula (f)	сӯзанак	[sœzanak]
gafanhoto (m)	малах	[malaχ]
traça (f)	шапалак	[ʃapalak]

barata (f)	нонхӯрак	[nonχœrak]
carrapato (m)	кана	[kana]
pulga (f)	кайк	[kajk]
borrachudo (m)	пашша	[paʃʃa]

gafanhoto (m)	малах	[malaχ]
caracol (m)	тӯкумшуллуқ	[tœkumʃulluq]
grilo (m)	чирчирак	[tʃirtʃirak]
pirilampo, vaga-lume (m)	шабтоб	[ʃabtob]
joaninha (f)	момохолак	[momoχolak]
besouro (m)	гамбуски саврӣ	[gambuski savri:]

sanguessuga (f)	шуллук	[ʃulluk]
lagarta (f)	кирм	[kirm]
minhoca (f)	кирм	[kirm]
larva (f)	кирм	[kirm]

Flora

142. Árvores

árvore (f)	дарахт	[daraχt]
decídua (adj)	паҳнбарг	[pahnbarg]
conífera (adj)	... и сӯзанбарг	[i sœzanbarg]
perene (adj)	ҳамешасабз	[hameʃasabz]
macieira (f)	дарахти себ	[daraχti seb]
pereira (f)	дарахти нок	[daraχti nok]
cerejeira (f)	дарахти гелос	[daraχti gelos]
ginjeira (f)	дарахти олуболу	[daraχti olubolu]
ameixeira (f)	дарахти олу	[daraχti olu]
bétula (f)	тӯс	[tœs]
carvalho (m)	булут	[bulut]
tília (f)	зерфун	[zerfun]
choupo-tremedor (m)	сиёҳбед	[sijɔhbed]
bordo (m)	заранг	[zarang]
espruce (m)	коҷ, ел	[kodʒ], [el]
pinheiro (m)	санавбар	[sanavbar]
alerce, lariço (m)	коҷи баргрез	[kodʒi bargrez]
abeto (m)	пихта	[piχta]
cedro (m)	дарахти чалғӯза	[daraχti dʒalʁœza]
choupo, álamo (m)	сафедор	[safedor]
tramazeira (f)	ғубайро	[ʁubajro]
salgueiro (m)	бед	[bed]
amieiro (m)	роздор	[rozdor]
faia (f)	бук, олаш	[buk], [olaʃ]
ulmeiro, olmo (m)	дарахти ларг	[daraχti larg]
freixo (m)	шумтол	[ʃumtol]
castanheiro (m)	шоҳбулут	[ʃohbulut]
magnólia (f)	магнолия	[magnolija]
palmeira (f)	нахл	[naχl]
cipreste (m)	дарахти сарв	[daraχti sarv]
mangue (m)	дарахти анбаҳ	[daraχti anbah]
embondeiro, baobá (m)	баобаб	[baobab]
eucalipto (m)	эвкалипт	[ɛvkalipt]
sequoia (f)	секвойя	[sekvojja]

143. Arbustos

arbusto (m)	бутта	[butta]
arbusto (m), moita (f)	бутта	[butta]

| videira (f) | ток | [tok] |
| vinhedo (m) | токзор | [tokzor] |

framboeseira (f)	тамашк	[tamaʃk]
groselheira-negra (f)	қоти сиёҳ	[qoti sijɔh]
groselheira-vermelha (f)	коти сурх	[koti surχ]
groselheira (f) espinhosa	бектошӣ	[bektoʃi:]

acácia (f)	акатсия, ақоқиё	[akatsija], [aqoqijɔ]
bérberis (f)	буттаи зирк	[buttai zirk]
jasmim (m)	ёсуман	[jɔsuman]

junípero (m)	арча, ардач	[artʃa], [ardadʒ]
roseira (f)	буттаи гул	[buttai gul]
roseira (f) brava	хуч	[χutʃ]

144. Frutos. Bagas

| fruta (f) | мева, самар | [meva], [samar] |
| frutas (f pl) | меваҳо, самарҳо | [mevaho], [samarho] |

maçã (f)	себ	[seb]
pera (f)	мурӯд, нок	[murœd], [nok]
ameixa (f)	олу	[olu]

morango (m)	қулфинай	[qulfinaj]
ginja (f)	олуболу	[olubolu]
cereja (f)	гелос	[gelos]
uva (f)	ангур	[angur]

framboesa (f)	тамашк	[tamaʃk]
groselha (f) negra	қоти сиёҳ	[qoti sijɔh]
groselha (f) vermelha	коти сурх	[koti surχ]
groselha (f) espinhosa	бектошӣ	[bektoʃi:]
oxicoco (m)	клюква	[kljukva]

laranja (f)	афлесун, пӯртахол	[aflesun], [pœrtaχol]
tangerina (f)	норанг	[norang]
abacaxi (m)	ананас	[ananas]
banana (f)	банан	[banan]
tâmara (f)	хурмо	[χurmo]

limão (m)	лиму	[limu]
damasco (m)	дарахти зардолу	[daraχti zardolu]
pêssego (m)	шафтолу	[ʃaftolu]

| quiuí (m) | кивӣ | [kivi:] |
| toranja (f) | норинч | [norindʒ] |

baga (f)	буттамева	[buttameva]
bagas (f pl)	буттамеваҳо	[buttamevaho]
arando (m) vermelho	брусника	[brusnika]
morango-silvestre (m)	тути заминй	[tuti zamini:]
mirtilo (m)	черника	[tʃernika]

145. Flores. Plantas

flor (f)	гул	[gul]
buquê (m) de flores	дастаи гул	[dastai gul]
rosa (f)	гул, гули садбарг	[gul], [guli sadbarg]
tulipa (f)	лола	[lola]
cravo (m)	гули мехак	[guli meχak]
gladíolo (m)	гули ёқут	[guli joqut]
centáurea (f)	тугмагул	[tugmagul]
campainha (f)	гули момо	[guli momo]
dente-de-leão (m)	коқу	[koqu]
camomila (f)	бобуна	[bobuna]
aloé (m)	уд, сабр, алоэ	[ud], [sabr], [aloɛ]
cacto (m)	гули ханчарй	[guli χandʒari:]
fícus (m)	тутанчир	[tutandʒir]
lírio (m)	савсан	[savsan]
gerânio (m)	анчибар	[andʒibar]
jacinto (m)	сунбул	[sunbul]
mimosa (f)	нозгул	[nozgul]
narciso (m)	наргис	[nargis]
capuchinha (f)	настаран	[nastaran]
orquídea (f)	сахлаб, сӯхлаб	[sahlab], [sœhlab]
peônia (f)	гули ашрафй	[guli aʃrafi:]
violeta (f)	бунафша	[bunafʃa]
amor-perfeito (m)	бунафшаи фарангй	[bunafʃai farangi:]
não-me-esqueças (m)	марзангӯш	[marzangœʃ]
margarida (f)	гули марворидак	[guli marvoridak]
papoula (f)	кӯкнор	[kœknor]
cânhamo (m)	бангдона, канаб	[bangdona], [kanab]
hortelã, menta (f)	пудина	[pudina]
lírio-do-vale (m)	гули барфак	[guli barfak]
campânula-branca (f)	бойчечак	[bojtʃetʃak]
urtiga (f)	газна	[gazna]
azedinha (f)	шилха	[ʃilχa]
nenúfar (m)	нилуфари сафед	[nilufari safed]
samambaia (f)	фарн	[farn]
líquen (m)	гулсанг	[gulsang]
estufa (f)	гулхона	[gulχona]
gramado (m)	чаман, сабзазор	[tʃaman], [sabzazor]
canteiro (m) de flores	гулзор	[gulzor]
planta (f)	растанй	[rastani:]
grama (f)	алаф	[alaf]
folha (f) de grama	хас	[χas]

folha (f)	барг	[barg]
pétala (f)	гулбарг	[gulbarg]
talo (m)	поя	[poja]
tubérculo (m)	бех, дона	[beχ], [dona]

| broto, rebento (m) | неш | [neʃ] |
| espinho (m) | хор | [χor] |

florescer (vi)	гул кардан	[gul kardan]
murchar (vi)	пажмурда шудан	[paʒmurda ʃudan]
cheiro (m)	бӯй	[bœj]
cortar (flores)	буридан	[buridan]
colher (uma flor)	кандан	[kandan]

146. Cereais, grãos

grão (m)	дона, ғалла	[dona], [ʁalla]
cereais (plantas)	растаниҳои ғалладона	[rastanihoi ʁalladona]
espiga (f)	хӯша	[χœʃa]

trigo (m)	гандум	[gandum]
centeio (m)	чавдор	[dʒavdor]
aveia (f)	хуртумон	[hurtumon]
painço (m)	арзан	[arzan]
cevada (f)	чав	[dʒav]

milho (m)	чуворимакка	[dʒuvorimakka]
arroz (m)	шолӣ, биринҷ	[ʃoli:], [birindʒ]
trigo-sarraceno (m)	марчумак	[mardʒumak]

ervilha (f)	нахӯд	[naχœd]
feijão (m) roxo	лӯбиё	[lœbijɔ]
soja (f)	соя	[soja]
lentilha (f)	наск	[nask]
feijão (m)	лӯбиё	[lœbijɔ]

PAÍSES. NACIONALIDADES

147. Europa Ocidental

União (f) Europeia	Иттиҳоди Аврупо	[ittihodi avrupo]
Áustria (f)	Австрия	[avstrija]
Grã-Bretanha (f)	Инглистон	[ingliston]
Inglaterra (f)	Англия	[anglija]
Bélgica (f)	Белгия	[belgija]
Alemanha (f)	Олмон	[olmon]
Países Baixos (m pl)	Ҳоланд	[holand]
Holanda (f)	Ҳолландия	[hollandija]
Grécia (f)	Юнон	[junon]
Dinamarca (f)	Дания	[danija]
Irlanda (f)	Ирландия	[irlandija]
Islândia (f)	Исландия	[islandija]
Espanha (f)	Испониё	[isponijɔ]
Itália (f)	Итолиё	[itolijɔ]
Chipre (m)	Кипр	[kipr]
Malta (f)	Малта	[malta]
Noruega (f)	Норвегия	[norvegija]
Portugal (m)	Португалия	[portugalija]
Finlândia (f)	Финланд	[finland]
França (f)	Фаронса	[faronsa]
Suécia (f)	Шветсия	[ʃvetsija]
Suíça (f)	Швейсария	[ʃvejsarija]
Escócia (f)	Шотландия	[ʃotlandija]
Vaticano (m)	Вотикон	[votikon]
Liechtenstein (m)	Лихтенштейн	[liҳtenʃtejn]
Luxemburgo (m)	Люксембург	[ljuksemburg]
Mônaco (m)	Монако	[monako]

148. Europa Central e de Leste

Albânia (f)	Албания	[albanija]
Bulgária (f)	Булғористон	[bulғoriston]
Hungria (f)	Маҷористон	[madҗoriston]
Letônia (f)	Латвия	[latvija]
Lituânia (f)	Литва	[litva]
Polônia (f)	Полша, Лаҳистон	[polʃa], [lahiston]
Romênia (f)	Румыния	[ruminija]
Sérvia (f)	Сербия	[serbija]

Eslováquia (f)	Словакия	[slovakija]
Croácia (f)	Хорватия	[xorvatija]
República (f) Checa	Чехия	[tʃeχija]
Estônia (f)	Эстония	[ɛstonija]
Bósnia e Herzegovina (f)	Босния ва Херсеговина	[bosnija va hersegovina]
Macedônia (f)	Македуния	[maqdunija]
Eslovênia (f)	Словения	[slovenija]
Montenegro (m)	Монтенегро	[montenegro]

149. Países da ex-URSS

Azerbaijão (m)	Озарбойчон	[ozarbojdʒon]
Armênia (f)	Арманистон	[armaniston]
Belarus	Беларус	[belarus]
Geórgia (f)	Гурчистон	[gurdʒiston]
Cazaquistão (m)	Қазоқистон	[qazoqiston]
Quirguistão (m)	Қиргизистон	[qirʁiziston]
Moldávia (f)	Молдова	[moldova]
Rússia (f)	Россия	[rossija]
Ucrânia (f)	Украйина	[ukrajina]
Tajiquistão (m)	Точикистон	[todʒikiston]
Turquemenistão (m)	Туркманистон	[turkmaniston]
Uzbequistão (f)	Ӯзбакистон	[œzbakiston]

150. Asia

Ásia (f)	Осиё	[osijɔ]
Vietnã (m)	Ветнам	[vetnam]
Índia (f)	Ҳиндустон	[hinduston]
Israel (m)	Исроил	[isroil]
China (f)	Чин	[tʃin]
Líbano (m)	Лубнон	[lubnon]
Mongólia (f)	Муғулистон	[muʁuliston]
Malásia (f)	Малайзия	[malajzija]
Paquistão (m)	Покистон	[pokiston]
Arábia (f) Saudita	Арабистони Саудӣ	[arabistoni saudi:]
Tailândia (f)	Таиланд	[tailand]
Taiwan (m)	Тайван	[tajvan]
Turquia (f)	Туркия	[turkija]
Japão (m)	Жопун, Чопон	[ʒopun], [dʒopon]
Afeganistão (m)	Афғонистон	[afʁoniston]
Bangladesh (m)	Бангладеш	[bangladeʃ]
Indonésia (f)	Индонезия	[indonezija]
Jordânia (f)	Урдун	[urdun]
Iraque (m)	Ироқ	[iroq]

Irã (m)	Эрон	[ɛron]
Camboja (f)	Камбоча	[kambodʒa]
Kuwait (m)	Кувайт	[kuvajt]

Laos (m)	Лаос	[laos]
Birmânia (f)	Мянма	[mjanma]
Nepal (m)	Непал	[nepal]
Emirados Árabes Unidos	Иморатхои Муттаҳидаи Араб	[imorathoi muttahidai arab]

Síria (f)	Сурия	[surija]
Palestina (f)	Фаластин	[falastin]
Coreia (f) do Sul	Кореяи Ҷанубӣ	[korejai dʒanubi:]
Coreia (f) do Norte	Кореяи Шимолӣ	[korejai ʃimoli:]

151. América do Norte

Estados Unidos da América	Иёлоти Муттаҳидаи Америка	[ijɔloti muttahidai amerika]
Canadá (m)	Канада	[kanada]
México (m)	Мексика	[meksika]

152. América Central do Sul

Argentina (f)	Аргентина	[argentina]
Brasil (m)	Бразилия	[brazilija]
Colômbia (f)	Колумбия	[kolumbija]
Cuba (f)	Куба	[kuba]
Chile (m)	Чиле	[tʃile]

Bolívia (f)	Боливия	[bolivija]
Venezuela (f)	Венесуэла	[venesuɛla]
Paraguai (m)	Парагвай	[paragvaj]
Peru (m)	Перу	[peru]

Suriname (m)	Суринам	[surinam]
Uruguai (m)	Уругвай	[urugvaj]
Equador (m)	Эквадор	[ɛkvador]

Bahamas (f pl)	Ҷазираҳои Багам	[dʒazirahoi bagam]
Haiti (m)	Гаити	[gaiti]

República Dominicana	Ҷумхурии Доминикан	[dʒumhuri:i dominikan]
Panamá (m)	Панама	[panama]
Jamaica (f)	Ямайка	[jamajka]

153. Africa

Egito (m)	Миср	[misr]
Marrocos	Марокаш	[marokaʃ]

Tunísia (f)	Тунис	[tunis]
Gana (f)	Гана	[gana]
Zanzibar (m)	Занзибар	[zanzibar]
Quênia (f)	Кения	[kenija]
Líbia (f)	Либия	[libija]
Madagascar (m)	Мадагаскар	[madagaskar]
Namíbia (f)	Намибия	[namibija]
Senegal (m)	Сенегал	[senegal]
Tanzânia (f)	Танзания	[tanzanija]
África (f) do Sul	Африқои Ҷанубӣ	[afriqoi dʒanubi:]

154. Austrália. Oceania

Austrália (f)	Австралия	[avstralija]
Nova Zelândia (f)	Зеландияи Нав	[zelandijai nav]
Tasmânia (f)	Тасмания	[tasmanija]
Polinésia (f) Francesa	Полинезияи Фаронсавӣ	[polinezijai faronsavi:]

155. Cidades

Amesterdã, Amsterdã	Амстердам	[amsterdam]
Ancara	Анкара	[ankara]
Atenas	Афина	[afina]
Bagdade	Бағдод	[baʁdod]
Bancoque	Бангкок	[bangkok]
Barcelona	Барселона	[barselona]
Beirute	Бейрут	[bejrut]
Berlim	Берлин	[berlin]
Bonn	Бонн	[bonn]
Bordéus	Бордо	[bordo]
Bratislava	Братислава	[bratislava]
Bruxelas	Брюссел	[brjussel]
Bucareste	Бухарест	[buχarest]
Budapeste	Будапешт	[budapeʃt]
Cairo	Қоҳира	[qohira]
Calcutá	Калкутта	[kalkutta]
Chicago	Чикаго	[tʃikago]
Cidade do México	Мехико	[meχiko]
Copenhague	Копенҳаген	[kopenhagen]
Dar es Salaam	Дар ес Салаам	[dar es salaam]
Deli	Деҳли	[dehli]
Dubai	Дубай	[dubaj]
Dublim	Дублин	[dublin]
Estocolmo	Стокҳолм	[stokholm]
Florença	Флоренсия	[florensija]
Frankfurt	Франкфурт	[frankfurt]

Genebra	Женева	[ʒeneva]
Haia	Гаага	[gaaga]
Hamburgo	Гамбург	[gamburg]

Hanói	Ханой	[hanoj]
Havana	Гавана	[gavana]
Helsinque	Хелсинки	[helsinki]
Hiroshima	Хиросима	[hirosima]
Hong Kong	Хонг Конг	[hong kong]
Istambul	Истамбул	[istambul]

Jerusalém	Иерусалим	[ierusalim]
Kiev, Quieve	Киев	[kiev]
Kuala Lumpur	Куала Лумпур	[kuala lumpur]
Lion	Лион	[lion]
Lisboa	Лиссабон	[lissabon]

Londres	Лондон	[london]
Los Angeles	Лос-Анчелес	[los-andʒeles]
Madrid	Мадрид	[madrid]
Marselha	Марсел	[marsel]
Miami	Майами	[majami]

Montreal	Монреал	[monreal]
Moscou	Москва	[moskva]
Mumbai	Бомбей	[bombej]
Munique	Мюнхен	[mjunxen]
Nairóbi	Найроби	[najrobi]
Nápoles	Неапол	[neapol]

Nice	Нитсса	[nitssa]
Nova York	Ню Йорк	[nju jork]
Oslo	Осло	[oslo]
Ottawa	Оттава	[ottava]
Paris	Париж	[pariʒ]

Pequim	Пекин	[pekin]
Praga	Прага	[praga]
Rio de Janeiro	Рио-де-Жанейро	[rio-de-ʒanejro]
Roma	Рим	[rim]
São Petersburgo	Санкт-Петербург	[sankt-peterburg]
Seul	Сеул	[seul]

Singapura	Сингапур	[singapur]
Sydney	Сидней	[sidnej]
Taipé	Тайпей	[tajpej]
Tóquio	Токио	[tokio]
Toronto	Торонто	[toronto]

Varsóvia	Варшава	[varʃava]
Veneza	Венетсия	[venetsija]
Viena	Вена	[vena]
Washington	Вашингтон	[vaʃington]
Xangai	Шанхай	[ʃanhaj]

www.ingramcontent.com/pod-product-compliance
Lightning Source LLC
LaVergne TN
LVHW051742080426
835511LV00018B/3192